기업성과를 높이는 경영의 Tool

가치관 경영

The Values Management

조미나 지음

서울경제경영

| 저자소개 |

조 미 나

이화여자대학교와 동대학원에서 경영학 석사를 받은 후, 서울과학종합대학원에서 경영학 박사 학위를 받았다. IBS컨설팅, 액센츄어컨설팅에서 변화관리 및 조직문화 컨설턴트로 근무했고, 청와대 업무혁신비서관실 행정관을 거쳐 IGM 세계경영연구원에서 전략 및 조직문화 관련 강의를 했다. 현재 서울과학종합대학원 겸임교수이며, HSG휴먼솔루션그룹 조직문화연구소장으로 재직하고 있다. 주요 논문으로는 『I그룹의 가치관 경영』, 『최고경영자 유형에 따른 가치관 경영 비교 연구』, 『최고경영자의 가치관과 구성원의 인식 공감이 기업성과에 미치는 영향』이 있다.

본 도서는 서울과학종합대학원대학교 박사학위논문을 바탕으로 재편집된 것입니다.

저자 서문

기업의 성과를 높이는 방법이 무엇인가 라는 질문은 경영학의 가장 근본임과 동시에 아직도 최적의 답을 찾지 못한 미완의 과제이기도 하다. 리더십도 마찬가지다. 리더십 이론이 경영학의 큰 줄기가 되다시피 했지만 아직도 무엇이 가장 적합한 리더십인가에 대한 답은 학자마다 천차만별이다. 이 둘을 합쳐 기업성과를 높이는 리더십이 무엇인가에 대한 답은 더 어려울 수 밖에 없다. 하나의 답으로서 가치관으로 리드하여 기업성과를 높이는 가치관 경영 연구가 시작되었다. 사실 그 용어가 무엇이던지 간에 이와 관련한 내용은 기업현장과 컨설팅 업계에서 꾸준히 시도되어 왔다. 이를 가치관 경영이라는 이름하에 학문적으로 정리해 보는 것이 본 연구의 목적이었다. 주변 많은 분들의 응원과 도움으로 연구를 마칠 수 있었다. 어려움을 겪을 때마다 탁월하고 명료한 해법을 주셨던 가톨릭대학교 이동현 교수님께 진심으로 감사드린다. 또한 학문적으로 쉽지 않은 주제를 현장의 시사점과 경험을 통해 의미를 만들어 나갈 수 있도록 격려해 주시고 힘을 북돋아 주신 서울과학종합대학원의 최용주 부총장님, 문달주 교수님, 신제구 교수님, 박정열 교수님, 김보영 교수님, 구자원 교수님께 감사드린다.

논문 작성을 함에 있어서 옆에서 큰 도움을 주신 14학번, 15학번 동기 분들에게도 감사드린다. 특히 논문연구모임 Paper-Pals를 함께 한 비즈니스 플랫폼 연구소 엄재근 연구소장님과 이정하 박사님, 조이운 박사님이 없으셨으면 어려운 고비 헤쳐 나가기 쉽지 않았을 것이다. 동병상련의 마음으로 지속적으로 힘을 주시고 서로를 격려해 나갔던 Paper-Pals 3기 김동석 박사님, 김태현 박사님, 박규배 박사님, 조창원 박사님, 탁진규 박사님께 진한 동료애를 느낄 수 있었던 시간이었다.

무엇보다 본 연구는 IGM세계경영연구원의 전성철 회장님께서 시초를 만들어

주셨다. 가치관 경영이 기업을 건강하게 운영하는데 효율적인 Tool이 될 수 있음을 확신할 수 있도록 해 주셨고, 가치관 경영의 개념을 정리하고 발전시켜 나가는 과정에 통찰력을 보태주셨다. 동시에 가치관 프로젝트 동료들의 도움도 컸다. 특히 40여명의 CEO 가치관을 분석하는데 전문가로서 도움을 주신 한호택 교수님과 이지원 연구원께 감사드린다. 본 연구가 결실을 맺을 수 있었던 것은 가치관 프로젝트를 함께 했었던 고객사들 덕분이기도 하다. 그 중 가치관 경영의 전 단계를 차근차근 실현시켜 나가면서 기업현장에서 의미 있는 작업임을 증명해 낸 I그룹, K기업 경영진과 직원들에게 감사와 함께 앞으로도 가치관 경영을 지속하도록 응원의 박수를 보낸다. 실무적으로 큰 의미가 있다고 확신했던 가치관 경영을 본 연구를 통해 조금이나마 학문적 토대를 만들 수 있었던 것에 의의가 있기를 바란다.

마지막으로 주말마다 학교를 오가며 연구할 수 있도록 가장 큰 도움을 준 가족들에게 머리 숙여 감사함을 전한다. 공부하는 며느리를 무한 도와주신 시어머님, 늘 바쁜 엄마에게 서운함 한번 안비치고 자랑스러워 해준 내 인생의 보물 김강태와 김태린, 힘들 때마다 포기하고 싶을 때마다 든든하게 뒤를 받쳐준 남편 김종혁님의 도움과 지원이 여기까지 이끌어 주었다. 격려와 사랑을 보내주신 친정부모님과 식구들, 시댁식구들, 친구들께도 감사함을 전한다.

연구를 마치며 하나를 끝낸 것 같지만, 여실은 이제부터 시작일 것이다. 앞으로 더욱 정진하며 기업 현장에 꼭 필요한 연구가 되도록 노력할 것을 도움주신 모든 분들께 약속드린다.

■ 들어가는 글

본 연구는 가치관 경영이 기업 성과에 미치는 영향을 최고경영자의 역할을 중심으로 분석한 것으로 주요 파트에 관해 설명하면 다음과 같다.

첫째, 가치관 경영을 실행한 기업의 사례를 분석하였다[1]. I그룹은 건설업에서 시작해 해운물류, 제조, 렌탈 등에 이르기까지 다수의 M&A를 통해 사업규모를 확장하였다. 사업적 성장을 위한 M&A였지만, 내부 통합이 미비한 상태에서 조직 통합의 문제점이 발생했다. 이에 구성원들을 한 방향 정렬시키기 위한 방법으로 가치관 경영을 도입하였다. 창업자의 경영철학에서 시작해 I그룹의 가치관을 정립하고 구성원들에게 이를 이해시키고 공감할 수 있는 논리를 만들어 내재화하였다. 이 과정에서 CEO를 포함한 최고경영진의 생각을 정리하고, 임원들부터 솔선수범을 위한 리더십을 구축하였다. 뿐만 아니라 각사의 대표 직원(비전 코디네이터)들을 모아 의견을 수렴하고 전 직원 대상으로 설문조사와 교육을 실시하였다. 또한 구성원들의 마음을 모으는 것에 그치지 않고 전략과 제도에 반영하여 일상생활의 기준으로 가치관이 활용될 수 있도록 했다. I그룹은 가치관 경영을 통해 구성원들이 한 방향 정렬되는 사회적 성과를 거두었고, 이를 기반으로 재무적으로도 성과를 거두었다. 본 사례는 한국의 중견기업이 M&A를 하는 과정에서 생긴 조직통합의 문제를 가치관 경영을 통해 극복하는 과정을 정리하고, 다양한 내부적 어려움을 해결하는 방안을 제시하였다.

둘째, 기업이 추진하는 가치관 경영 프로세스를 살펴봄으로써 가치관이 어떻게 정립되고 어떤 과정을 거쳐 조직 내에 내재화 되는 지를 사례연구를 통해 분석하였다[2]. 특히 최고경영자가 기업의 가치관에 미치는 영향을 살펴보고, 최고경

---

1) 조미나, 이동현(2016), "I그룹의 가치관 경영", 중소기업연구, 38(3), 135-163에서 발췌하여 재편집하였다.

2) 조미나, 이동현(2016), "최고경영자 유형에 따른 가치관 경영 비교 연구", 서비스경영학회지,

영자 유형이 소유경영인 기업과 전문경영인 기업에서 각각 가치관 경영을 실행한 사례를 통해 차이점을 비교 하였다. 가치관 경영 프로세스 상에서 최고경영자는 막대한 영향을 미친다. 특히 최고경영자가 처한 상황에 따라 각 단계 마다의 접근방식이나 강조점이 달라진다. 본 사례연구는 향후 가치관을 통해 기업을 이끌고 가치관 경영을 하고자 하는 기업과 최고경영자에게 구체적으로 어떤 단계로 어떻게 접근해야 하는지 시사점을 주고 있다.

셋째, 최고경영자의 가치관이 기업성과에 미치는 영향을 실증분석 하였다[3]. 이를 위해 40명의 최고경영자를 심층 인터뷰하여 그들의 가치관이 어떤 내용을 담고 있는지를 분석하였다. 또한 최고경영자의 가치관이 기업의 구성원들에게 인식되고 공감을 얻고 있는지에 따라 기업성과에 미치는 영향이 차이가 있음을 검증하였다. 기업성과는 사회적 성과와 재무적 성과로 나누어서 분석하였고, 모두 유의미한 결과를 얻었다. 본 실증연구는 가치관이 기업성과에 어떤 영향을 미치는가에 대한 기존 연구들과 맥락을 같이 하고 있으나, 이론과 사례에 그치지 않고 실제로 검증하고 분석한 것에 의의가 있다. 특히, 일반적으로 접근이 어려운 최고경영자를 직접 인터뷰하여 가치관을 분석하고, 이에 대한 구성원들의 인식과 공감을 조사해 봄으로써 가치관의 내용 보다는 구성원들에게 인식시키고 공감시키는 과정의 중요성을 강조하였다.

17(4), 123-142에서 발췌하여 재편집하였다.

3) 조미나, 이동현(2016), "최고경영자의 가치관과 구성원의 인식 공감이 기업성과에 미치는 영향", 디지털융복합연구, 14(2), 95-103에서 발췌하여 재편집하였다.

목 차

저자 서문 ··· iii
들어가는 글 ··· v

제1장 가치관 경영 연구 배경 1

제2장 가치관 경영에 관한 이론적 고찰 5

1. 가치관 경영에 관한 기존 연구 ··· 5
2. 가치관 용어 정립 ··· 8
3. 가치관 구성 요소 ··· 10
4. 가치관의 효용 ··· 14

제3장 가치관 경영의 중요성 19

1. 도입 ··· 19
2. M&A로 인한 I그룹의 위기 ··· 20
3. 가치관 경영의 시작 ··· 24
4. 가치관의 확산과 제도화 ··· 29
5. 가치관 경영의 지속을 위한 과제 ··· 36
6. 소결론 ··· 38
    (1) 경제적 성과 ··· 38
    (2) 사회적 성과 ··· 39

제4장 가치관 경영에서 최고경영자의 역할 41

1. 도입 ······ 41
2. 기존 연구 ······ 42
   (1) 가치관 경영 ······ 42
   (2) 가치관 경영 프로세스 ······ 43
   (3) 가치관 경영과 최고경영자 유형 ······ 46
3. 연구방법 ······ 47
   (1) 연구 대상 선정 ······ 47
   (2) 자료 수집 및 연구 진행 방식 ······ 49
4. 사례 분석 ······ 50
   (1) A기업의 가치관 경영 ······ 50
   (2) B기업의 가치관 경영 ······ 55
5. 소결론 ······ 62
   (1) 비교 분석 ······ 62
   (2) 시사점 및 한계 ······ 64

제5장 가치관 경영이 기업성과에 미치는 영향 67

1. 도입 ······ 67
2. 기존 연구 ······ 68
   (1) 최고경영자의 가치관 ······ 68
   (2) 가치관의 품질 ······ 69
   (3) 구성원의 가치관 인식 공감 ······ 70
   (4) 가치관과 기업성과 ······ 70

3. 연구 방법 ········ 72
(1) 대상 기업 ········ 72
(2) 내용 분석 ········ 74
(3) 통계 분석 ········ 77
(4) 변수의 조작적 정의 ········ 77
4. 소결론 ········ 78
(1) 가치관 구성요소별 내용 분석 ········ 78
(2) 구성원의 인식 공감에 따른 가치건강도 차이 ········ 80
(3) 구성원의 인식 공감에 따른 인당매출액 차이 ········ 81
(4) 시사점 및 한계 ········ 83

제6장 가치관 경영 종합 결론 및 시사점 85

1. 종합 결론 ········ 85
2. 시사점 및 향후 연구과제 ········ 88

▣ 참고문헌 ········ 91

Chapter 01

가치관 경영 연구 배경

Bain and Company가 포춘 500대 기업을 대상으로 한 조사에 따르면, 대상 기업의 90%가 가치관(Mission Statement)을 정립하고 있었다(Bart, 1997). 이는 국내 기업도 마찬가지다. 많은 기업들이 홈페이지에, 기업광고에, 사무실 벽에 가치관을 만들어서 게시하고 있다. 그 형태도 또한 다양하다. 경영철학, 경영이념, 사훈, 비전 등 이름은 다양하지만 기업의 정신을 정리해 놓은 것은 매한가지다. 그런데 정말 가치관이 기업에 도움이 되는 것일까? 아니면 단순한 유행(Fad)일까?

가치관의 유용성에 관해서는 지금까지 많은 이견이 있어 왔다. 경영의 유용한 도구로서 의미가 있으며 대부분의 기업들이 가지고 있을 정도로 보편적인 기법이다(Bart, 1997; Cochran, David, & Gibson, 2008)라는 의견이 있는 반면, 실질적인 성과와의 연계성이 약하다는 의견도 만만치 않다(Bart, Bontis, & Tagger, 2001). 한 연구자가 서로 다른 연구 세팅 하에서 상반된 주장을 할 정도로 가치관의 유효함은 측정이 어렵고 명확하게 정리하기 어려운 주제다. 그러다 보니 국내에서는 가치관 연구가 활발하게 이루어 지지 않은 측면이 많다. 그러나 최근 들어 가치관에 대한 관심이 증가하고 있다. 기업 환경이 과거와는 다른 양상으로 변화하고 있기 때문이다(Porter & Kramer, 2011).

현대 기업들에게 불확실성은 가장 큰 변수 중의 하나로 다가오고 있다. 상대적으로 안정된 상황 하에서는 통계와 조사, 확률을 중심으로 미래를 예측하는 것이 용이하다. 그러나 국가 간, 산업 간 경계가 허물어지고 새로운 경쟁체제로 들어

서며 뉴노멀(New Normal)의 시대로 이동하고 있는 현재는 그렇지 못하다. 과거의 상식, 기존의 경쟁관계, 예측 가능한 변수가 어김없이 무너지는 현상 속에서 기업들은 중심을 잃으면 바로 나락으로 떨어지기 십상이다. 따라서 변화무쌍한 환경 하에서 중심을 잡기 위한 기제가 절실해졌다. 그리고 가치관이 그 역할을 할 수 있다는 기대감도 커지고 있다(Azizi & Markizadeh, 2014).

따라서 본 연구에서는 기업에서 가치관이 실제 어떤 역할을 하고 있는지를 분석했다. 가치관이 구성원들에게 어떻게 받아들여지고 이것이 기업의 성과에 어떤 영향을 미치고 있는지를 깊이 있게 탐색했다. 이 과정에서 최고경영자의 역할이 무엇인지, 최고경영자에 따라 기업의 가치관 경영이 어떻게 달라질 수 있는지도 함께 연구했다. 이를 통해 현재와 같은 불확실성의 경영환경에서 하나의 구심점으로서 가치관의 효용을 찾아볼 수 있다. 특히 경영환경이 고도화됨에 따라 전략의 중요성이 커지는 요즘, 전략실행에 앞서 기업문화의 토대를 굳건히 하는 것이 앞으로 수행할 전략을 위해서도 중요할 것이다. 기반이 탄탄하지 않은 모래밭에 성을 쌓은들 그것이 얼마나 가겠는가? 외부의 파도가 조금만 거세져도 무너지고 마는 모래성이 아닌 어떤 어려움에도 튼튼하게 견뎌낼 수 있는 반석을 만드는 일이 필요하다.

사람은 하나의 우주를 가지고 있다고 한다. 나름대로의 기준과 법칙으로 생각하고, 복잡한 과정을 거쳐 판단하고, 다양한 행동을 하기 때문이다. 문제는 이렇게 저마다의 우주를 가지고 있는 개개인이 한 조직에서 공통된 업무를 하고 있다는 점이다. 흔히 사공이 많으면 배가 산으로 간다는 말이 있다. 각자 다른 방향으로 노를 젓기 때문이다. 그러나 사공들이 한 마음으로 한 방향으로 노를 저으면 어떻게 될까? 사공이 많을수록 배의 동력은 커진다. 이것을 만드는 것이 조직 가치관의 역할이다.

본 연구는 최근 들어 가치관에 관심을 가지는 기업들이 많아지고 있음에 주목했다. 사실 가치관에 대한 관심은 새로운 것이 아니다. 우리나라의 경우 1997년, 1998년 IMF 사태를 겪으며 많은 기업들이 어려운 상황을 극복할 수 있는 새로운 돌파구를 필요로 했다. 외국계 컨설팅 회사들이 주축이 되어 내 놓은 솔루션이 바로 비전경영이었다. 미래 어디로 가면 되는지를 중심으로 목표와 구체적인 전략을 수립하는 프로젝트들이 그것이었다. 그러나 이후 20년가량의 세월이 흐르면서 그 당시 만들었던 비전과 전략이 유명무실해 진 경우가 많다. 미래 방향성 중심으로 수립하다 보니 환경이 달라지고 나면 목표와 전략 또한 달라져야 했고, 이를 반복하다 보니 비전의 유용성마저 흔들리게 된 것이다. 그래서 요즘은 비전뿐만 아니라 기업의 존재이유, 우선순위와 기준 등을 종합적으로 고려해야 한다는 인식이 늘고 있다. 그리고 외부 컨설턴트의 도움에 전적으로 의존했던 과거에 대한 반성으로 최고경영자부터 임원진, 중간관리자, 직원에 이르기까지 전 구성원이 참여해서 가치관을 수립하고 실행해야 효과가 있다는 데에 생각이 미치고 있다. 모 대기업의 최고경영자가 이야기 했듯이 꿈을 남이 꾸어줘서 되겠냐는 현실 자각이었다.

따라서 본 연구는 가치관에 관심을 가지고 이를 실행하고 싶은 기업들에게 가치관 경영에 대한 실질적인 방법론과 프로세스를 제공한다는 데에 목적이 있다. 그 과정에서 최고경영자의 역할을 정의하고 기업 성과에까지 영향을 미칠 수 있는 단초를 제공함으로써 기업들이 실질적으로 가치관 경영을 할 수 있도록 도움을 줄 수 있다.

Chapter 02 가치관 경영에 관한 이론적 고찰

1. 가치관 경영에 관한 기존 연구

가치관에 대한 생각은 1970년대 피터 드러커(Perter Drucker)의 질문으로 거슬러 올라간다. 그는 '우리의 사업이 무엇인가(What is our Business?)'에 대한 질문은 '우리의 미션이 무엇인가?(What is our Mission?)'와 같다고 주장하였다. 기업은 회사명, 매출규모, 위상, 또는 어떤 형태로 정의되는 것이 아니라 조직이 존재하는 이유와 목적이 명확할 때 기업의 경영목표가 명확해 지고, 목표를 이루어 낼 수 있을지 또한 명확해 진다고 했다. 즉 기업이 자신들의 존재이유와 목적(사명)에 대한 답을 가지고 있어야 한다는 의미다(David, 1989). 그래서 서구에서는 가치관을 보통 사명헌장(Mission Statement)이라 부른다.

실제로 가치관이 가장 많이 언급되어 온 분야는 기업문화 연구이다. Schein(1985)은 기업을 구성하는 요소 중 문화의 중요성을 강조하였다. 그리고 Waterman 등의 학자와 함께 맥킨지 컨설팅에서 개발한 '7S 모델'에서도 조직을 구성하는 기본요소 중 가치를 가장 중심에 있는 중요 요소로 다루었다. 기업의 문화는 구성원들이 공유하는 가치로부터 형성되며, 이것이 구성원, 리더십스타일, 기술, 관리시스템, 전략, 조직구조에 결정적인 영향을 미친다. 기업의 하드웨어가 아무리 좋아도, 또는 소프트웨어가 아무리 뛰어나도 이들이 개별적으로 움직일 수 없고 하나로 엮여서 힘을 발휘할 수 있게 만드는 것이 가치관이라는 의미다(박준혁·최장호·정연앙, 2014).

조영호와 박계홍(1992)은 기업문화와 기업문화 관련 활동에서 공통적으로 등장하는 것이 가치관이라고 밝히면서, 기업문화를 기업구성원들이 공유하고 있는 가치관으로 정의하는 학자들의 연구 경향과 함께 실제 산업계에서 기업문화 활동을 가치관의 정립과 확산으로 정의하고 있음을 사례로 제시하였다.

구성원들이 공유하는 가치로서의 문화가 중요한 이유는 문화가 강할수록 기업의 장기적인 성과를 내는데 도움이 되기 때문이다(Collins & Porras, 1996). 급변하는 경영 환경에서 장기적으로 지속가능한 기업은 구성원들에게 공통된 가치와 뚜렷한 목표를 제시하고 이를 공유함으로써 생존 능력을 강화하는 특성을 가지고 있다(안세연·조동성, 2011). 결국 가치관은 강한 문화의 필수요소이고 기업의 장기생존에 큰 영향을 미친다.

이러한 이유로 기업문화와 기업성과에 대한 학자들의 관심은 가치관에 이르렀고 다양한 연구들이 진행되었다.

| 표 1 | 가치관 관련 최근 국내 연구 동향

발행년도 (저자)	활용 용어	논문 제목	연구 내용
2015 (임명성)	경영 이념	경영이념 교육과 직장 내 스트레스와 직무만족간의 관계에 관한 실증적 연구; 교육 및 의료서비스 기업을 대상으로	효과
2015 (고종식)	경영 이념	박승직 상점의 창업과 두산그룹의 성장요인으로서 박승직의 경영이념	사례
2015 (박인정·김영갑)	경영 이념	외식프랜차이즈 기업의 경영이념에 관한 연구; 한국, 미국, 일본 간의 비교를 중심으로	내용 분석
2015 (최윤석·구강본·전용배)	미션	조직 미션 분석을 통한 스포츠 조직의 이해; 조직 문화적 접근	내용 분석
2014 (임외석)	경영 철학	한중일 주요 상인조직의 경영철학에 대한 비교연구	내용 분석
2014 (김계수·정성택)	비전 플랫폼 경영	비전플랫폼경영, 고객만족, 고객성과 간의 인과관계	효과

발행년도 (저자)	활용 용어	논문 제목	연구 내용
2014 (조윤형)	조직 비전	상호작용공정성, 조직구성원들의 혁신행동, 조직비전 인식과의 관계	효과, 인식
2014 (채신석)	조직 비전	호텔 계약직 종사원의 조직비전 인식과 긍정심리자본이 학습목표지향성과 조직몰입 그리고 직무만족에 미치는 영향관계 분석	효과, 인식
2014 (백병성)	핵심 가치	경찰 핵심가치의 인식에 관한 연구; 서비스 제공자와 수요자간 차이를 중심으로	효과, 인식
2013 (이정언)	가치관	기업 구성원의 직무에 대한 가치관과 직무성과의 관계	효과
2013 (임외석)	경영 철학	창업자의 경영철학과 조직문화에 대한 한중일 비교연구; 주요 전자메이커 3사를 중심으로	내용 분석
2013 (이동호)	경영 철학 미션 비전	국내 수산관련 기업의 주요 경영철학에 대한 내용분석: 장사의 미션과 비전을 중심으로	내용 분석
2013 (당지연·최윤수·김영훈)	미션 선언문	한국과 일본 병원의 미션선언문 비교연구; 한국의 상급종합병원과 일본의 특정기능병원을 중심으로	내용 분석
2013 (김기근·문명·조윤형)	조직 비전	조직구성원들의 조직비전 인식과 조직변화에 대한 태도와의 관계	효과
2013 (김성건·이재진)	핵심 가치	소비자만족과 지속가능 경영을 위한 기업의 핵심가치의 역할과 중요성; L그룹 사례를 중심으로	효과
2011 (안세연·조동성)	창업 이념	창업이념의 각인 효과와 기업의 장기 생존에 대한 탐색적 고찰	효과
2009 (노부호·윤완수)	가치관	최고경영자의 가치관이 기업문화와 기업성과에 미치는 영향에 대한 연구	효과
2007 (조영호·김관영·서형도)	경영 이념	경영이념에 기초한 리더십이 중소기업 종업원의 태도에 미치는 영향	효과
2006 (이인석·홍광헌·황국재)	가치관	다국적 최고기업경영자의 윤리적 가치관이 기업성과에 미치는 영향	효과
1993 (박영배)	직무 가치관	기업종업원의 직무가치관과 조직몰입에 관한 연구	효과

2. 가치관 용어 정립

가치관에 관한 가장 많은 연구는 가치관이 무엇이고 어떻게 구성되어 있으며 어떤 내용을 담고 있는가이다. 학자들마다 가치관을 다양한 용어로 칭하고 있고, 그에 따라 다양한 정의가 있어 왔다. 박인정과 김영갑(2015)은 경영이념이라는 용어를 통해 외식프랜차이즈 기업들을 연구하였는데, 이 때 경영이념을 창업자와 경영자의 가치관이 기업 구성원과 사회적으로 용인되어 기업 경영 활동의 기준이 되는 것으로 정의하였다. 임명성(2015)은 최고경영자의 신념에서 시작된 경영이념이 조직 구성원들에게 동기를 부여하고 학습되어 영향력을 미칠 수 있는 도구로 사용됨으로써 조직의 전략적 선택과 조직의 실행을 결정하는 중요 요인이 된다는 것을 강조하였다. 따라서 경영이념은 현실을 반영함과 동시에 미래 지향적이어야 하며, 최고경영자의 신념을 담고 있기 때문에 조직 고유의 성격을 가진다고 하였다. 그에 따르면 하나의 조직을 다른 조직과 구분되게 만드는 것이 경영이념이다. 또한 경영이념은 안정적이고 지속성을 갖되 영구한 것은 아니다. 새로운 경영환경에서는 유연하게 변화할 수 있어야 한다. 그렇기 때문에 경영이념은 명시적이고 공식화되어 구성원들의 이해와 협력을 도모해야 한다. 따라서 경영이념은 이해하기 쉬워야 한다. 그렇지 못할 경우 경영이념으로서의 역할을 다 하기 어렵다고 하였다.

경영이념과 비슷한 용어로 가치관, 경영철학, 경영신조, 사훈, 사시, 미션, 비전, 핵심가치 등 다양하게 혼용되고 있다(당지연·최윤수·김영훈, 2013).

▌표 2▌ 가치관 관련 용어의 혼재

용어	정의	연구자(발표년도)
최고경영자의 가치관	기업문화와 기업성과에 영향을 미치는 리더십 관행	노부호·윤완수 (2009)
조직 가치관	기업문화의 핵심적인 요소로서 구성원들이 공유하고 있는 생각	조영호·박계홍 (1992)
기업 가치관	기업 경영에 대한 생각, 조직원으로서 지닌 자세 등의 의식	신호창·유선욱 (2004)
경영가치관	경영자의 기업경영에 관한 가치관으로서 경영자가 기업의 경영관리와 관련된 사물에 대하여 인식하는 가치판단의 기준	김창호·이풍학 (2005)
사업가치관	경영자가 사업에 대해 가지고 있는 신념 (경제적 가치관, 사회적 가치관)	김봉곤·이을터 (2015)
기업이념	회사를 어떤 목적에서 또 어떤 방식으로 경영해 나갈 것인가 하는 문제에 대한 기본적 생각, 사상을 표현한 것으로 경영자가 스스로 기업경영에 대해 사회적으로 공표한 견해	김성건·이재진 (2013)
경영이념	기업의 존재와 행동을 정당화하며, 추구할 목표를 제시하고 경영자의 행위를 판단하는 기준이 되는 것으로 사회가 요구하는 기업의 바람직한 모습이 투영되어 정립된 기업의 경영활동의 목표나 신념, 가치기준 또는 가치체계	서성한(1996)
경영이념	경영자가 기업경영에 대해 가지는 기본적 가치, 태도, 신념이나 행동기준	조영호·이혜숙·서형도 (2009)
경영이념	기업운영의 기본사항, 구조화되고 체계화된 사고체계	임명성(2015)
경영이념	창업자와 경영자의 기업 경영의 가치관이 기업 구성원과 사회적으로 용인될 수 있는 항목으로 명문화 되어 기업 경영 활동의 기준이 되며, 사회적 존재의의를 실현할 수 있게 하는 가치 체계	박인정·김영갑 (2015)
경영철학	기업가 혹은 경영자의 신념, 사상, 가치관 등을 바탕으로 형성된 기업경영에 대한 기본적인 방향	임외석(2010)
경영철학	최고경영자의 철학에서 비롯하여 조직의 미션, 비전 가치, 실천전략 등 다양한 개념을 포괄하는 의미	이동호(2013)
경영철학	상거래와 관련된 일체의 행위에 대한 상인조직 경영자들의 신념이나 사상이며 가치관	임외석(2013)

3. 가치관 구성 요소

가치관은 철학적 의미에서 개인의 행동을 규율하는 요인으로서 주관적인 요소이다. 따라서 가치관은 여러 가지 결정의 딜레마 상태에서 어떤 것이 더 옳고 더 좋은지에 대한 규범적 또는 윤리 도덕적 생각을 내포하고 있다(이학종·박헌준, 2008). 즉 가치관이란 개인의 행동이나 판단의 기준으로서 신념이나 원칙으로 정의할 수 있다(우찬복·서금자, 2009).

개인의 가치관과 마찬가지로 기업의 가치관은 기업의 활동이나 판단에 미래 방향성을 주고 더 나아가 기업 문화의 토대가 된다. 회사를 움직이는 기본 원칙으로서 기업 목표달성에도 기업의 가치관이 바탕으로 이루어진다(신호창·유선욱, 2004). 김창호와 이풍학(2005)은 기업의 가치관을 기업의 정책, 관리방식, 종업원처우, 주요한 의사결정에 영향을 주는 것으로서 광의적인 경영가치관(Managerial Values)과 협의적인 문화가치관(Cultural Values)으로 구분하기도 하였다.

이처럼 한국과 일본 등 동아시아에서는 경영이념, 경영철학과 같은 통합적 개념으로 연구되어 왔지만, 서구를 중심으로 한 연구 경향에서 가치관을 미션(Mission), 비전(Vision), 핵심가치(Core Value)로 세분화 하는 구분이 최근 국내에서도 부상하고 있다(Mirvis, Googins, & Kinnicutt, 2010; 전성철·조미나·양백·정진호, 2014). 이를 상세 설명하면 다음과 같다.

① 존재이유(사명, Mission) : 우리 기업이 왜 존재하는가

사명은 한 마디로 기업의 존재이유다. 단순히 생계수단으로서 존재하는 것이 아닌 본인들이 하는 일의 의미를 찾게 한다. 기업의 사명이 올바르게 정해지면 구성원들은 자기 일에 대한 자부심이 생기고, 조직에 대한 애정도 커질 것이다. 기업의 올바른 사명이 직원들에게 공유되면 그들은 서로를 그저 돈을 벌기 위해 우연히 만난 사람들이 아닌, 의미 있는 일을 위해 모인 동지로 인식하기 시작한다. 따라서 소통도 원활해지고 감정적 대립이 줄어들며, 단결도 더욱 쉬워진다.

그런 시너지 효과는 기업의 장기적 발전에 훌륭한 밑거름이 된다(전성철 등, 2014).

② 미래의 꿈(Vision) : 앞으로 무엇이 되고 싶은가

꿈을 잃은 사람에게 살아가는 의미가 없는 것처럼, 꿈이 없는 기업은 존재이유를 갖지 못하고 방황하게 된다. 어쩌다 좋은 성과를 내더라도 그때 뿐, 곧 자만심과 매너리즘에 빠져 쇠락하기 쉽다. 이때의 꿈은 비현실적인 희망사항이 아닌, 최선의 노력을 하고 외부 환경도 잘 따라준다면 달성 가능한 현실적이고 원대한 목표다. 좋은 기업의 비전에는 2가지 조건이 있다. 첫째는 구성원들의 가슴을 설레게 해야 한다는 것이고, 둘째는 직원들의 공감과 동의하에 도출되어 모두의 마음을 얻어야 한다는 것이다. 이 두 조건을 만족시키는 비전이 있는 기업과 없는 기업은 확실히 다르다. 모든 구성원들이 같은 꿈을 꾸고 그 꿈을 달성할 수 있다는 믿음을 가지면, 그 기업은 단순히 이익을 추구하는 집단을 넘어서 하나의 목표를 향해 달려가는 비전 공동체가 된다. 비전을 추구하는 공동체는 엄청난 힘을 발휘한다. 비전이 있는 기업은 좋은 성과를 냈다고 안도하지 않는다. 아직도 갈 길이 멀다고 생각하며 더욱 열심히 비전을 향해 돌진한다. 만일 구성원들이 한순간의 성과에 만족하여 안주하려고 한다면 최고경영자는 다시 한 번 그들에게 비전을 전파하며 그들이 계속해서 열정적으로 미래를 위해 경주하도록 해야 한다(전성철 등, 2014).

③ 우선순위와 기준(핵심가치, Core Value) : 어떻게 운영할 것인가

핵심가치에 대한 개념을 살펴보면 Niven(2002)은 조직 내에 깊숙하게 내재된 믿음으로서 모든 직원들의 일상적인 행동으로 나타나는 것이며, 조직을 이끄는 변하지 않는 원칙이라 정의하였다. 또한 Collins와 Porras(1996)는 핵심가치는 필수적이고 영속적으로 지속되는 신념이라고 정의하고, 단순한 이익이나 단기적인 성과에 경도되어서는 안 되며 운영 규정이나 지침과도 구별된다고 하였다. 노용진·김동배·박우성(2003)은 핵심가치란 조직 내에서 구성원들이 공유하고 있

는 신념이자 스스로의 바람직한 행동을 제시하는 기본적인 가이드라인이며, 오랜 기간 변하지 않는다고 정의하였다.

위에 언급된 정의를 종합할 때 기업의 핵심가치란 미션과 비전을 달성하기 위해 창업자나 최고경영자가 추구하는 철학이나 정신이 반영된 일종의 일하는 방식으로, 조직 구성원들에게 무엇이 바람직한 행동인지를 제시하는 규범이자 구성원들이 공유하고 있는 가치관 및 신념 체계로 정의할 수 있으며, 오랜 기간 변하지 않는 특성을 가진다(김성건, 2013).

핵심가치에 대한 여러 정의를 정리하면, 기업에서 내려지는 의사결정과 판단의 중요한 기준이다. 기업이 실행을 논하려면 먼저 핵심가치를 분명히 해야 한다. 핵심가치가 정립되지 않은 기업은 어떻게 행동해야 할지, 무엇이 옳은 것인지 혼란을 일으킨다. 핵심가치의 모습은 기업에 따라 각양각색이다. 어떤 기업은 가족처럼 돕고 배려하는 문화를 중요시하고, 어떤 기업은 직원들 간의 경쟁을 통한 성과달성을 우선시 한다. 어떤 기업은 신중함과 꼼꼼함을 추구하고, 어떤 기업은 도전정신을 지향한다. 기업의 핵심가치를 살펴보면 그 기업의 일하는 방식을 알 수 있다. 핵심가치가 정립된 기업에서는 모든 결정과 판단의 세세한 것까지 이에 따라 결정하기 때문이다. 핵심가치는 회사가 단기적으로는 손해가 있더라도 반드시 지켜야 한다고 모두가 합의하여 도출한 것이기 때문에 구성원들의 공통된 일하는 모습을 만든다. 올바로 정립된 핵심가치가 전 임직원들의 공감을 얻으면 그것은 놀라운 힘을 발휘하게 된다. 무엇보다 신속하고 잡음 없는 의사결정이 가능해 진다. 반대로 기업에 핵심가치가 없으면 불필요한 갈등이 생긴다. 기업 내에서는 하루에도 수많은 결정이 내려진다. 이런 결정의 기준, 즉 핵심가치가 제대로 정립되어 있지 않다면 모두들 자신의 생각만 내세우며 에너지를 낭비할 가능성이 크다. 일부 구성원들은 가장 중요한 가치가 안정과 신중함이라고 생각하고 다른 직원들은 스피드한 일처리라고 생각하면 이들의 의견은 쉽게 일치되지 못한다. 이런 논쟁은 좀처럼 끝나지 않으며, 감정의 골이 깊어지고 회사 분위기도 험악해진다. 그렇게 되면 당면과제에 집중되어야 할 에너지가 이러한 갈등에 소모되어 기업의 생존을 위협한다(전성철 등, 2014).

Peter Senge(2006)는 미션, 비전, 핵심가치 구성을 기업이 사업을 함에 있어 지배적인 아이디어의 기반으로 정의하였다. 미션은 기업이 존재하는 이유에 대한 답이기 때문에 'Why'이다. 비전은 'What', 즉 기업이 창조하고 싶은 미래의 모습이고 핵심가치는 비전 달성을 위해 어떻게 행동해야 하는지 'How'를 의미한다(Mirvis *et al.*, 2010)

이러한 가치관의 목적과 구성에 따라 David(1989)는 가치관 내용을 중심으로 좋은 가치관의 기준을 제안한다. 그가 제안한 9가지 구성요소는 이후 많은 학자들에 의해 가치관을 분석하는 틀로서 활용되고 있다. 이 틀은 다양한 국가, 다양한 업종에서 일정부분 공통점이 있음이 밝혀짐으로써 효용성을 검증받고 있다. 그러나 David의 모형은 한꺼번에 너무 많은 것을 담고 있다는 반론에 부딪히기도 했다. 여러 요소를 다 채우는 것이 중요한 것이 아니고, 전략적 의도(Strategic intent)가 가장 중요하다는 주장도 있다(Hamel & Prahalad, 2006)

▌표 3▐ 학자에 따른 가치관 구성요소의 변형

저자	구성요소(개수)
Pearce(1987)	고객, 시장, 기술개발, 성장, 경영철학, 독창성, 공공이미지, 내부구성원(8)
David(1989)	고객, 제품/서비스, 시장, 기술개발, 성장, 경영철학, 독창성, 공공이미지, 내부구성원(9)
Kemp(2003)	고객, 시장, 기술개발, 성장, 경영철학, 공공이미지, 내부구성원(7)
Bolon(2005)	고객, 서비스, 경영철학, 내부구성원(4)
Barkus(2005)	고객, 서비스, 조직가치, 내부구성원, 재정적 목표(5)
Morphew(2006)	고객, 서비스, 경영철학, 공공이미지, 성장(5)
Williams(2008)	고객, 서비스, 경영철학, 공공이미지, 내부구성원, 성장, 혁신(7)
당지연 외(2013)	시장, 서비스, 경영철학, 공공이미지, 기여(5)
최윤석 외(2015)	고객, 서비스, 경영철학, 공공이미지, 내부구성원, 조직성장, 경쟁력(7)
박인정 외(2015)	고객, 서비스, 시장, 기술개발, 성장, 경영철학, 독창성, 공공이미지, 내부구성원, 목표, 목표도달방법(11)

4. 가치관의 효용

가치관의 의미 및 구성요소 만큼이나 가치관에 관해 많이 연구되는 주제는 가치관이 실제 경영에 어떤 영향을 미치는 가에 대한 것이다. 가치관이 경영의 유용한 도구라는 점에서 실질적으로 재무성과에 영향을 주는 전략적 도구이며, 동시에 구성원의 행동에 영향을 주는 윤리적 바탕이라는 주장이 그것이다(Azizi & Markizadeh, 2014).

먼저 재무적 성과에 대해서는 가치관이 조직의 존재이유를 설명하고 전략적 방향성을 지향하며 구성원들의 행동과 판단의 기준이 된다는 측면에서 당연히 성과에 긍정적인 영향을 미칠 것이라는 주장이 많다. 소위 위대한 기업(Truly Great One)이라면 가치관을 가지고 있다는 의미다. 실제 영국 기업들을 대상으로 한 조사에서 67%가 가치관을 가지고 있었다(Klemm, Sanderson, & Luffman, 1991). 미국 기업의 경우도 조사 대상 중 60%가 가치관이 있었다(Pearce & David, 1987). 그러나 David의 후속 연구에서는 조사에 응답한 CEO의 41%만이 가치관을 가지고 있다고 했으며, 50%는 아무것도 없다고 응답한 결과가 나왔다(1989). Ireland와 Hitt(1992)의 연구에서는 많은 기업들이 실제로는 가치관을 가지고 있지 않다고 주장하였다. 이토록 학자들 사이에서도 가치관의 실재와 효과에 대해 의견이 분분하다. 따라서 이를 실증적으로 검증하고자 하는 연구가 이후 많이 등장하고 있다.

Campbell과 Yeung(1991)의 British Airways 연구에서는 가치관을 통한 행동표준이 기업의 성과를 드라마틱하게 올렸다는 결과를 얻었고, Medley(1992)의 World Wildlife Federation 연구에서도 가치관을 개발하는 과정과 그 결과로 모금액의 인상적인 증가를 가져왔다. 그러나 Klemm *et al.*(1991)은 가치관이 있는 그룹과 없는 그룹 간에 이직율과 수익에 유의미한 차이가 없음을 밝혔으며, Coats, Davis, Longden, Stacey, & Emmanuel(1991)의 결과도 큰 차이 없다는 주장을 뒷받침하고 있다. 심지어 Ireland와 Hitt(1992)는 가치관이 쓸모없는 9

가지 이유를 설명하고 있다. ① 구성원 어느 누구도 읽지 않으며, ② 만드는데 너무 많은 노력이 필요하고, ③ 실용적이지 않으며, ④ 이론적일 뿐이다. ⑤ 없어도 성공적인 기업도 많기 때문에 불필요하고, ⑥ 너무 많은 기밀정보가 담길 우려가 있으며, ⑦ 일반 기업은 만들기 위한 기술이 부족하고, ⑧ 오히려 최고경영자가 이를 통해 운영에까지 관여하는 것이며, ⑨ 새로 만들기보다 없는 상태로 그대로 두는 것이 안정적이라는 주장이다. 그러나 가치관에 대한 이러한 비판에 대해서도 가치관의 효익을 제대로 인식하지 못한 채 만드는 과정이나 이후 전파나 제도화 노력을 간과한 나머지 실질적인 성과를 보는 것에 실패했기 때문이라고 주장하는 학자들도 있다(Azizi & Markizadeh, 2014)

정리하자면 많은 학자들이 가치관의 역할을 인정하고 모든 기업들은 반드시 가치관이 있어야 한다는 주장도 있으나, 모든 가치관의 품질이 같은 것이 아니고 부주의하게 만든 가치관은 오히려 회사에 해를 끼치기도 한다는 것이다(Bartkus, Glassman, & McAfee, 2000). 위에서 언급한 David의 연구처럼 학자들이 가치관에 어떤 내용들을 담아야 좋은 가치관이 되는지 가이드라인에 대한 관심이 많았던 이유다. 잘 정의된 가치관은 기업의 전략을 성공적으로 실행하게 하고, 조직의 단결을 이끄는 문화적 접착제의 역할을 한다. 이것은 개인의 행동에 영향을 미치는 강력한 규범과 가치를 담고 있고, 서로 협력하게 하고 목표 달성의 방법을 제안한다(Kemp & Dwyer, 2002).

그러나 가치관을 잘 만들었다고 해서 조직에 바로 효과가 나타나는 것은 아니다. 최근 가치관에 관한 연구 방향은 가치관을 조직에 어떻게 전파시키고 구성원들의 행동에 어떻게 적용하는가에 관심이 커지고 있다. 가치관은 구성원들의 행동에 영향을 줄 수 있는가가 성공의 관건이라고 해도 과언이 아니다. 액자 속에 멋지게 자리 잡은 가치관은 그 자체로는 아무 소용이 없다. 그것이 실질적인 행동과 판단의 기준으로 구성원들의 일상생활에 살아 있을 때 비로소 의미를 가진다(전성철 등, 2014). 이를 위해서는 가치관의 내용에 대해 구성원들이 만족할수록, 만드는 과정에 참여할수록, 조직이나 전략, 제도에 연계되어 있을수록 구성원들에게 많은 영향을 미친다(Azizi & Markizadeh, 2014). 사회적 동일시 이론(Social Identity Theory)에 의하면 구성원들이 조직과 자신을 동일시함으로써 충성도와 만족도를 높일 수 있는데, 이 때 가치관이 주요한 기제가 된다(Lam, Ahearne, Hu, & Schillewaert, 2010). 조직의 가치관에 공감하고 이를 자신의 가치관으로 받아들임으로써 행동변화에 긍정적인 영향을 미치기 때문이다. 따라서 구성원들과 함께 개발하는 과정이 무엇보다 중요하다. 구성원들의 진정성과 미래에 대한 바람이 들어가야 하며, 가치관의 본질은 여러 대안들 중에서 선택의 기준을 임의로 정하는 것이기 때문에 구성원들이 이에 대한 동의를 해야 한다(Khalifa, 2012).

그러나 학자들마다 어떤 구성원들의 참여가 더 효과적인가에 대해서는 강조하는 정도가 다르다. CEO의 참여가 중요하다(Medley, 1992; Bates & Dillard, 1993), 시니어 간부들이 중요하다(Ireland and Hitt, 1992; Klemm *et al.*, 1991; Medley, 1992; Collins & Porras, 1991; Bates & Dillard, 1991)는 주장은 경영 의사결정에 많이 관여된 사람들이 가치관 중심의 판단이라는 실천에 옮기기가 쉽다는 차원에서 합목적적이다(Bart & Baetz, 1998).

무엇보다 가치관의 실천은 시스템에 반영될 때 강력한 힘을 발휘한다. 조직 내 시스템 중 가장 강력하고 확실한 것은 평가시스템일 것이다. 따라서 가치관 또한 평가시스템에 반영되었을 때 그 효과가 크다. 구성원들의 행동이나 자원배분이 가치관을 중심으로 집중되기 때문이다(Bart & Baetz, 1998).

가치관의 실천을 강화시키는 또 다른 방법이 있다. 위에서 언급한 구성원의 참여 뿐 아니라 만드는 방식도 중요하다. 과정(Process)이 효과(effectiveness)를 결정하기 때문이다. 처음부터 명확한 틀을 잡아서 계획대로 움직이는 것 보다는 실질적인 동참을 이끌어 내는 것이 더 중요하다. 일례로 Jack Welch는 GE의 미션을 만들고 다듬고 하는데 3년이나 걸렸다. 보통은 가치관의 발견, 정립, 소통, 실행의 4단계로 진행한다(Nanus, 1992). 4단계 중 특히, 소통(Communication) 측면을 간과해선 안 된다. 가치관이 어떤 의미이고 각자의 일과는 어떤 연관성이 있는지 구성원들과 제대로 소통하는 것이 중요하다. 그렇지 않으면 구성원들은 자신과의 연관성을 찾지 못하고 그냥 잊어버리고 만다. 시간이 좀 걸리더라도 소통이 가치관의 성과와 행동의 변화, 더 나아가 동력을 북돋아주고 의사결정의 가이드라인이 된다는 점에서 구성원들과 가치관에 대해 소통하는데 들인 노력은 얼마든지 상쇄될 수 있다(전성철 등, 2014). 가장 효과적이지만, 가장 간과되고 있는 방법은 입소문(word of mouth)이다. 리더가 직접 부하직원들에게 가치관을 설명하고 소개하는 것 자체로도 큰 메시지로 전달될 수 있다(Bart, 1999).

Chapter
03 가치관 경영의 중요성

1. 도입

본 사례는 짧은 시간 M&A를 통해 건설 및 건자재 제조, 렌탈, 해운업 등의 계열사를 가진 중견그룹으로 성장한 I그룹이 조직 통합을 위해 가치관을 활용한 방법을 연구한 것이다. I그룹은 부산에서 건설업을 하던 중소기업에서 시작하여 수도권으로 진출하면서 다양한 업종으로 확장하였다. 이 과정에서 다수의 M&A가 있었고 조직 통합이 제대로 되지 않아 조직에 심각한 위기가 발생하였다. 조직 간의 갈등과 마찰, 사업적 시너지 부재 등의 문제가 일어났고, 구성원들의 반목과 무관심이 커졌다. 이에 I그룹은 가치관을 새롭게 만들고, 이를 구성원들에게 전파하는 과정에서 구성원들을 한 방향 정렬할 수 있는 방법을 찾았다. 창업주에서부터 생각을 정리하고 임원들부터 생각을 맞춰 나갔으며 직원들을 참여시켜 스스로 가치관을 만들어 낼 수 있도록 했다. 교육과 서베이, 워크숍을 통해 각자가 아닌 함께 할 수 있다는 자신감과 신뢰를 찾았으며 이는 조직문화와 분위기를 바꾸는 데 한 몫을 했다. 이것이 어떻게 가능했는지, 어떤 과정을 거쳤는지, 어떤 방법을 활용했는지 I그룹의 실제 사례를 통해 알아보자.

2. M&A로 인한 I그룹의 위기

"기업은 늘 생존을 위해 위기의식을 갖고 미래를 바라봐야 하는데 내일의 비전에 대해 안개가 끼어 있는 느낌이었습니다."

I그룹의 K대표는 불안했다. 선대에 부산의 작은 건설사에서 시작한 사업은 수도권으로 터전을 옮기고 덩치가 예전과 비교할 수 없을 만큼 커졌다. 2010년부터 2013년 사이에 몇 차례 M&A를 단행했기 때문이었다. 그러나 그 이후가 문제였다. 회사 규모는 커졌지만 내부적인 준비가 덜 된 탓에 모든 것이 혼란스럽기만 했다. 몇 개 기업은 인수 형태로, 몇 개 기업은 합병 형태로, 합치는 형태도 제각각 이었다. 어느 경우는 I그룹이라는 사명으로 바꾸고, 또 어떤 경우는 기존 회사명을 그대로 써서 회사명 하나도 통일되지 않은 상태였다. 내부 직원들 간 융합이 안 되는 것은 더 큰 문제였다. 그룹이 앞으로 어디로 가야 할지에 대해 각자의 생각들이 너무 달랐다.

"여러 회사들을 짧은 시간에 합치다 보니 내부적으로 불안정하고 직원들 간 소통이 부족했습니다. 사업을 진행하는 과정에서 모두가 공감할 수 있는 방향성이 명확하지 않아 고민될 때가 많았지요."

K대표는 모래알 같이 불안한 회사에 구심점이 필요하다는 절박함을 느꼈다. 사업 시너지를 위해 M&A를 했는데 성과를 내기 전에 부작용만 심해지는 것 같아 고민이 깊어졌다. 회사를 처음 만들었던 당시에서부터 다시 생각해 볼 필요가 생겼다.

1987년 1월, K대표의 부친인 K회장은 부산에서 I주택이라는 자그마한 건설회사를 설립했다. 해운대의 명물 달맞이 고개에서 고급빌라 건축으로 이름을 알리기 시작한 I주택은 부산 뿐 아니라 인근 창원이나 울산 등지로 사세를 늘려나갔다. 빌라, 아파트 사업으로 영남권에서 승승장구 했지만, K회장은 만족할 수 없었다. 외부 환경에 따른 부침이 심한 건설업의 특성 때문이었다. 이를 위해 선택한 것이 사업다각화였다. I건설에서 지금의 I그룹이 된 것은 2008년 D산업을 M&A한 뒤부터였다. D산업은 원래 H건설에서 콘크리트파일, 위생도기, 타일 등의 건설자재를 담당했던 한 부서였다. 건자재 전문성을 바탕으로 H건설에서 분리 독립된 이후 시장에서 역사와 전통을 인정받고 있었지만, 몇 번 주인이 바뀌는 아픔 끝에 I건설과 합병하여 그룹의 일원으로 편입되었다. K회장의 사업다각화는 이때부터 본격화 되었다. 2010년에는 비데로 유명한 위생도기전문회사 S테크를, 바로 다음해인 2011년에는 공장건설장비와 건설 관련 컴퓨터기기 렌탈 부문 강자로 꼽히는 H렌탈을 인수해 기계렌탈 사업에도 진출했다. 또한 2014년 건설자재 전문기업 Y파일, 그리고 Y파일의 자회사인 J레미콘과 J물산도 인수했다. I그룹은 이제 건설뿐만 아니라 비데 제조 및 판매업, 해상화물 운송업, 산업용 기계 및 장비 임대업을 하는 중견 그룹으로 성장했다. K회장이 의도한 대로 그룹 내에서 건설이 차지하는 비중은 30% 대로 낮아졌다.

▌표 4▐ I그룹 기업 연혁

시기	주요 내용
1975. 09	D산업 설립
1987. 01	㈜I주택 설립
1989. 03	㈜I주택건설산업 설립
1992. 12	상호변경: I건설산업㈜
2010. 03	㈜S테크 인수
2010. 05	I해운㈜ 투자 설립
2011. 02	H렌탈㈜ 인수
2012. 06	I지주㈜ 법인 설립
2014. 03	I그룹 비전 선포
2014. 11	Y파일㈜, J레미콘㈜, J물산㈜ 인수

(자료원: I그룹 홈페이지)

그러나 M&A로 사세를 확장한 기업들이 흔히 겪는 어려움처럼 합병 이후의 통합 과정에서 문제가 발생했다. 20여 년간 건설에서 한 우물을 파던 지방 중견 기업이 수도권으로 진출하고, 업종이 다른 여러 기업을 불과 3~4년 만에 사들이는 과정이 겉으로는 순조로웠다. 하지만 화학적 결합은 쉽지 않았다. 굵직굵직한 개발사업 위주의 건설과 꼼꼼하고 긴 호흡으로 장인들이 도자기를 굽듯 만드는 도기제조는 업의 특징부터 달랐다. 같은 제조라 하더라도 가마에서 굽는 위생도기 제품과 수많은 부품들로 이루어진 전자기기 비데는 다른 기준으로 움직였다. 비데를 포함한 컴퓨터 등의 사무용품과 건설 장비를 렌탈하는 H렌탈은 취급하는 제품은 같지만 제조가 아닌 금융서비스 사업이었다. 레미콘과 무역유통을 담당하는 물산도 다르다. 이렇듯 주요 사업부문이 각자 다른 업의 특성과 조직문화를 가지고 있었다. 건설에서 뼈가 굵은 경영진은 생소한 업에서 당황할 수밖에 없었다. 임원부터 사원까지 온통 저항하는 것처럼만 보였다.

인수를 당한 기업들의 분위기도 안 좋았다. I그룹에 합병되기 이전에 이미 몇 번의 주인이 바뀌는 우여곡절을 겪은 기업들이었다. 처음에는 잘 해보자고 하지만, 시간이 경과하면 값을 올려서 회사를 되파는 경우를 많이 봐온 터라 새로운 경영진에 대한 직원들의 불신이 팽배했다. I그룹 또한 전임자들처럼 단물만 빼먹고 회사를 다시 넘길 거라는 의구심 때문에 경영진의 말이 제대로 받아들여질 리 만무했다. 하루가 다르게 커져가는 회사를 보며 본래 I그룹 구성원들의 불안감도 같이 커졌다. 회사가 성장하고 발전하는 것을 보면 자부심도 느끼지만, 어떻게 되는 건지 잘 알 지 못했다. 하나의 그룹이 되었지만 한 가족이라는 느낌은 없었다.

이런 상태로는 조직의 기반이 흔들릴 지도 모른다는 위기감이 여기저기 감돌았다. M&A를 한다고 막대한 투자를 했는데 성과를 보기도 전에 오히려 혼란만 가중되는 듯 했다. 탄탄한 중견 그룹사가 되어야 하는데, 허울 좋은 모래성이 되도록 둘 수 없는 노릇이었다. 위기감은 경영진만 느끼는 것이 아니었다. 임원들도 각 계열사가 이처럼 따로 노는 상황이 불안했다. 리더로서 직원들을 이끌어야 하는데 본인들도 기준이 없어 답답했다.

> "지금보다 더 성장해야 한다는 대표님의 의지는 알고 있지만 큰 그림에 대해서는 잘 모르겠습니다. 그리고 다른 부문과의 교류도 별로 없습니다."
>
> (H렌탈 A임원)
>
> "여러 회사가 모이다 보니 복합적인 문화가 있는데 전체적인 공유가치를 찾아 주어야 한다고 생각합니다. 회사의 방향성에 대해 직원들이 알지 못하는 상태입니다." (제조부문 B임원)
>
> "임원들이 컨트롤 또는 조정 역할을 해야 하는데 기준점이 없습니다. 부문 간의 교류가 적어 소통하는 분위기가 필요합니다." (건설부문 C임원)

직원들이 이런 분위기를 감지하지 못 할 리 없었다. 특히, 피인수 기업 직원들의 분위기는 심상치 않았다. 합병의 시너지를 느끼기는커녕, 상대적 박탈감이 상당했다. 건설과 건설자재, 위생도기와 비데처럼 업무상 서로 시너지가 있는 부분이 있지만 한 가족이 아닌 하청업체 대하는 듯한 모습에 상처를 받은 직원들도 있었다. 한 회사가 되고 한 건물 내에 있었지만, 사무실도 다르고 인사체계도 달랐다. 불신은 업무에도 영향을 미치기 시작했다.

> "회사가 과거에 부도도 났었고 M&A도 겪다 보니 정신적으로 혼란스럽고, 개인의 뚜렷한 의식도 정립되어 있지 않습니다. 서로 다른 문화를 가진 회사가 모여 있다 보니 문화적 충돌상태 입니다. 합병 이후 문화가 다른데도 교류의 장이 별로 없어서 부문 간의 이해도 부족합니다. 심지어 다른 부문과의 격차로 피해의식을 느끼고 있습니다." (S테크 D직원)
>
> "과거 M&A 과정에서의 우여곡절로 인하여 정체성에 대한 혼란이 있기 때문에, 특정 업무에 대해 협의를 하려고 하면 다른 회사의 직원을 대하는 것 같은 거리감이 느껴집니다." (제조부문 E 직원)
>
> "앞으로 우리도 B2C로 가야 하는데 타 부문의 고객을 소개받을 수가 있으니 분명 M&A의 장점이 있을 것 같은데, 공간적 분리 때문인지 교류의 장이 부족합니다." (렌탈부문 E직원)

고민 끝에 K대표는 조직 구성원들에게 지금 우리가 무엇을 하고 있는지, 어떤 방향으로 갈 것인지, 왜 그것이 중요한지 이해시키고 설득하는 작업을 해야 함을 깨달았다. 조직문화 전문가에게 자문을 구해본 결과, 기업의 토대를 굳건히 하기 위한 구심점은 가치관이라는 결론에 이르렀다. 각자의 생각과 우선순위는 다를 수 있으나, 조직의 생각과 우선순위는 같아야 했다. 그래야 업무의 시너지가 나고 성과가 날 수 있었다. 모래알처럼 따로 흩어져 있는 각 계열사들이 한 마음이 되고, 개개인의 동력을 모아 더 큰 힘을 발휘할 때 한 단계 발전한 미래가 있다는 것이 K대표의 생각이었다. 그는 가치관을 중심으로 판단하고 결정하는, 각자의 생각이 아닌 모두의 공통된 생각으로 기업이 운영되는 가치관 경영이 I그룹에 꼭 필요하다는 확신을 가졌다.

3. 가치관 경영의 시작

K대표는 일단 왜 지금 가치관 얘기를 하는가에 대한 분위기를 조성하는 것부터 시작했다. 그리고 I그룹에 진짜 중요한 가치관이 무엇인지 찾아내는 것이 급선무였다. K대표는 외부 전문기관의 도움을 받아 작업을 진행하였다.

I그룹의 가치관을 찾기 위해서는 먼저 키맨(Keyman)들의 생각을 정리하는 것이 중요했다. K회장을 비롯해 각 사의 대표, 주요 임원들과 직원들까지 대표성을 갖는 인원들이 대상이었다. 지금 시점에서 가치관 수립이 필요한지, I그룹의 방향성, 계열사별 조직문화 및 교류 정도를 파악하는데 중점을 두었다. 인터뷰는 키맨(Keyman)들과 공감대를 형성하고 조직의 현황에 대해 보다 정확하고 구체적인 답을 듣는 것이 목적이었다. 다행히 인터뷰에 참가한 대부분이 I그룹을 하나로 정렬시켜야 하는 필요성에 대해 공감했다. I그룹에서 중요한 것이 무엇인지에 대해서는 최고경영자와 각 계열사 대표들 간에 어느 정도 공감대가 형성되었다. 창업자인 K회장과 접촉이 많을수록 그의 경영철학과 의사결정을 지근거리에

서 지켜볼 기회가 많았기 때문이었다. 그러나 한 단계 아래 임원급으로 오면 양상은 달라졌다. 각자가 이해하는 바가 달랐다. I그룹에서 중요한 기준이 무엇인가라는 질문에 매출, 품질, 정도경영, 도전 등 답변이 제각각이었다. I그룹의 미래에 대해서도 전체 그림을 자신 있게 이야기하지 못했다. 직원들은 더 했는데, 그들이 느끼는 심리적 거리감은 상당했다. 인터뷰 결과, 공유가치를 통해 부문 간 소통의 기회를 가짐으로써 각 사업 간의 이해를 높이고 문화적, 정서적 동질감을 형성하는 것이 급선무였다. 창업주의 경영철학과 주요 가치에 대해 전 직원이 이해하고 공감할 수 있도록 하는 것도 필요했다. 이를 위해 최고경영층(Top Management Team, 이하 TMT)을 포함한 주요 임원들을 대상으로 I그룹의 가치관을 논의하고 그 결과를 정리하는 것이 필요했다.

전 직원을 대상으로 교육도 시작되었다. 가치관이 무엇인지, I그룹에서 왜 필요한지, I그룹의 가치관은 어떤 방향성을 가져야 하는지, 다른 기업들은 어떻게 하고 있는지를 통해 가치관 경영의 취지와 목적을 이해시켰다. 특히, M&A를 하고 난 이후 PMI(Post M&A Integration)에 성공한 기업들과 그 이유를 설명하고, 지금 본인들의 모습이 누구나 겪을 수 있는 성장통임을 주지시켰다. 전 직원을 대상으로 서베이도 실시되었다. 설문 문항은 크게 3가지였다. 개인업무 차원 인식 조사, 소속회사에 대한 인식 조사, 가치체계에 대한 조사였다. 건설, 제조, 렌탈, 비데 총 4개 부문에서 전체 637명에게 설문지를 배포해서 440명의 유효응답을 받았다.

설문분석을 통해 도출된 결론은 직원들도 한 방향으로 가치관 정렬의 필요성을 느낀다는 것이었다. 특히, I그룹만의 독특한 역량과 기업문화가 존재한다는데 응답자의 44.5%가 동의하였다. 그러나 업무를 함에 있어 기준이 모호하여 비효율이 발생하고 미래가 불확실하다는 점을 약점으로 지적했다.

K회장을 비롯한 최고경영층은 I그룹의 가치관이 어떤 방향성을 가져야 할지에 대해 TMT 간에 상당부분 공감대가 형성되어 있음을 확인했다. 그렇다고 해서 이것을 일방적으로 지시하듯이 직원들에게 전달할 수는 없었다. 가치관의 내용

적인 측면에서는 최고경영층의 생각이 들어가야 하나, 이것을 만드는 과정에 충분한 직원들의 동의와 참여를 유도해야 했다. 다만, 현실적으로 전 직원을 가치관 수립에 참여시키는 것은 어려운 일이다. 특히 건설업과 렌탈업의 특징 상 지방이나 해외에 파견 나가 있는 직원들이 많았기 때문에 대안을 찾아야 했다. 그래서 실시한 것이 밸류잼(Value Jam)이었다. I그룹은 SNS(Social Network Service)를 활용했다. 카카오톡에 I그룹의 직원이라면 누구나 들어 올 수 있는 방을 만들었다. 자신의 의견을 자유롭게 피력하는 것이 중요하기 때문에 익명성을 보장했다. 그리고 다음 3가지 질문을 게시했다.

주제 1: I그룹이 제품과 서비스 외에 고객과 사회에 주고 있는 것은 무엇입니까?
주제 2: 10년 후 I그룹은 어떤 기업이 되어있을까요?
주제 3: I그룹이 일하는데 있어 가장 중요하게 생각하는 원칙은 무엇입니까?

카카오톡에 방이 열리자 각 주제마다 수백 개가 넘는 댓글이 달리며, 점점 I그룹의 구성원들 사이에서 가치관에 대한 관심이 높아졌다.

TMT의 생각을 정리한 내용과 밸류잼(Value Jam)을 통한 직원들의 의견을 취합한 후, 직원들의 참여도를 더 높이기로 했다. 각 계열사와 부문에서 직급을 대표하는 직원 50명을 비전코디네이터(Vision Coordinator)라는 이름으로 선발했다. 이들은 회사의 요구와 직원의 의견, 각 계열사와 직급의 상황을 가치관에 고루 반영하기 위해 치열하게 토론하는 역할이었다. 비전코디네이터들과 토론을 시작하면서 가장 중점을 둔 부분은 비록 다른 회사에서 다른 업무를 하고 있지만, 하나가 될 수 있다는 점을 설득하는 것이었다. 비전코디네이터(Vision Coordinator)를 위한 워크숍은 크게 공감, 참여, 합의 3가지 원칙을 가지고 설계하였다. I그룹의 지속성장을 위해 가치관 경영을 해야 한다는 것에 대한 공감이 우선이었다. 이후 각종 토론과정에 적극 참여함으로써 모두에게 받아들여질 수 있는 I그룹의 가치관을 만들 수 있도록 했다. 마지막으로는 I그룹의 미래 모습을 다 함께 그려보고 최선의 결과에 만족하며 합의하도록 유도했다.

이런 원칙하에 워크숍은 각 사의 히스토리를 설명하는 것에서부터 시작했다. M&A로 한 가족이 된 지 얼마 안 되었기 때문에 누구도 본인 회사를 제외한 다른 회사가 어떤 역사를 가지고 있는지 알지 못했다. 따라서 각 사의 역사를 설명함과 동시에 어려운 경영 환경에서 지금까지 버텨올 수 있었던 성공요인을 찾아냈다. 성공요인은 해당 회사의 사례를 활용해서 설명했다. 가령 건설부문에서는 '도전이 성공요인이었다'라고 설명하는 대신, 불가능했던 부산 용호만 택지개발 문제를 어떻게 해결했는지를 통해 '도전'이 중요하다는 것을 자연스럽게 이해시켰다. 전자제품인 비데에 상극인 물을 결합시켜서 방수비데를 만들어 낸 S테크의 '도전'도 활용했다.

그렇게 건설, 제조, 렌탈, 비데 부문이 걸어온 길과 지금까지 했던 주요한 결정기준을 모아 보니 '우리가 다르지 않다'는 것을 느낄 수 있었다. 업은 다르지만 도전적으로 사업을 해왔고, 서로간의 신뢰를 우선시하며, 고객에게 최고의 가치를 주기 위해 노력한 것 그리고 사회 공헌에 대한 관심이 그것이었다. 이 내용은 TMT의 생각과 직원대상 밸류잼(Value Jam)의 결과와도 일맥상통했다. 각 사의 과거 사례를 활용한 설명 방식의 효과는 바로 나타났다. 서로가 잘 몰랐던 각 사의 역사를 알 수 있었고, 그 안에서 서로의 공통점을 찾아낼 수 있었다.

> "가치관 수립 워크숍을 통해 회사의 비전에 대해 같이 고민할 수 있는 기회였다고 생각합니다."
> "함께하는 과정 그 자체가 중요한 것 같습니다."
> "우리가 만든 가치관이 이루어 졌으면 하는 바램입니다."
> "가치관 수립 워크숍에 참여하면서 회사에 대한 자부심을 얻을 수 있었습니다."
> (워크숍 참석자 코멘트)

직원대표들이 워크숍을 통해 도출한 결과는 TMT에 보고되었고, TMT에서 다시 한 번 정제하고 조율하는 과정을 거쳐 I그룹의 최종 가치관이 확정되었다. 가치관은 미션, 핵심가치, 비전으로 구성되었다.

I그룹의 미션은 그룹 내 사업군의 특성을 반영했다. 건설, 제조, 렌탈, 해운 등 언뜻 생각해서는 서로 다른 것 같지만, '고객의 가장 가까운 곳'에서 사람과 생활, 가족과 이웃의 모습을 연구하며 경쟁사가 생각하지 못한 새로운 가치를 만들어 제공하는 것이라는 공통점을 찾아냈다. 고객에 대한 연구는 생각만으로 그치지 않고 삶 속에서 구현되는 모습으로 '고객의 더 나은 삶의 공간'을 제공하고, 더 나은 삶의 활동을 지원할 수 있는 보다 개선된 생활 모습을 창출하는데 의의가 있었다. 그럼으로써 고객이 느끼는 '여유로운 행복한 삶'의 모습에서 결과를 이루게 된다. 나의 이익 보다는 고객의 행복을 먼저 생각하며 고객과 함께 성장하고 새로운 가치를 실현하는 성실한 기업으로 거듭남을 지속하고자 하는 것, 이것을 I그룹의 존재이유로 정했다.

I그룹은 쉼 없이 기술을 개발하고 사업을 성장시킴과 동시에 창출된 가치를 사회에 되돌림으로써 새로운 창조를 지속하는 아름다운 가치를 사회에 제공하고자 했다. 고객이 경험하지 못한 새로운 공간을 창조하고 그 안에서 '행복'을 만들도록 끊임없이 노력하는 회사를 꿈꾸었다. 국내를 넘어 해외 고객에게도 새로운 삶과 공간의 가치를 제공하기 위해 '세계 시장'을 탐색하고, '가능성을 발견'하여 도전하며, 새로운 I그룹의 역사를 만드는 것을 모두가 이루고자 하는 명확한 미래상으로 잡았다.

미션을 수행하고, 비전을 달성하기 위해서는 조직의 우선순위와 기준이 필요하다. I그룹의 문화를 구성하는 가장 본질적인 신조이며 경영원칙이기도 한 핵심가치는 구성원 모두의 행동 지향점이었다. I그룹은 3개의 핵심가치를 판단과 결정의 기준으로 삼았다. 첫 번째는 '도전'이다. 실패를 두려워하지 않고 해보지 않은 일을 서슴없이 해 보는 실행력을 의미했다. 시대의 변화를 선도하는 도전이 회사의 미래가 되기 때문이었다. 두 번째는 '열정'이다. 집요하고 끈질긴 시도 속에서 I그룹만의 실력을 쌓아 나가는 것, 이러한 힘을 통해 지속가능한 경영이 가능했다. 구성원 한 사람 한 사람이 프로로 성장하고, 분야의 최고 전문가로서 인정받는 것이 I그룹의 성장을 견인하는 힘이었다. 세 번째는 '신뢰'이다. I그룹의 미션과 비전 달성을 위해 구성원 모두가 하나 된 모습을 갖추어 가도록 서로의 믿음과 상호 도움을 주고받는 것이 신뢰였다. I그룹의 사업은 신뢰에서 출발했다. 우리가 스스로 믿을 수 있어야 고객의 신뢰를 얻을 수 있었다.

I그룹은 각 계열사가 비록 업무가 다르고, 사업 영역이 다르고, 분야가 다르다 하더라도 I그룹이라는 하나의 우산 속에 있다면 공통된 가치관을 공유해야 한다는 것을 방침으로 정했다. 그것을 그룹의 가치관 체계로 묶고 공식적으로 확정지었다.

| 그림 1 | I그룹 가치관 체계

(자료원: I그룹 홈페이지)

4. 가치관의 확산과 제도화

TMT에서 도출된 방향성, 이를 바탕으로 직원대표 워크숍에서 정리한 초안,

그리고 이를 다시 TMT에서 조율하는 과정을 거쳐 완성된 I그룹의 가치관은 회사 구성원들이 노력한 산물이었다. 그러나 문구 하나마다 내포된 의미나 함의를 전 직원이 이해하는 데에는 한계가 있었다. 전 직원을 대상으로 설명회가 필요했다. 이를 위해 I그룹은 머리로 이해한 것으로만 그치지 않고 각자가 본인의 업무에서 실천할 수 있는 행동약속까지 스스로 생각해 볼 수 있도록 했다. 그래서 7차수에 걸쳐 전 직원 대상 행동약속 도출 워크숍을 진행했다. 특이점은 모든 계열사 직원들이 워크숍을 통해 섞일 수 있도록 한 것이다. 같은 회사에서 온 사람들끼리가 아니라 타 회사 사람들과, 다른 직급 사람들과 섞이면서 함께 이야기 해 보고 교류하도록 하는 것이 행동약속 도출 워크숍의 또 다른 목적이었다. 이번에도 직원대표들이 모였던 가치관 수립 워크숍처럼 각 사의 역사를 소개하는 것에서부터 시작해서 마지막은 각자의 행동약속을 다짐하는 세션으로 워크숍을 마무리했다. 행동약속 도출 워크숍에 참석한 직원들의 반응은 우호적이었다.

> "같이 공감하고 여러 의견을 공유할 수 있는 좋은 기회인 것 같습니다. 우리 회사의 발전되고 있는 모습을 많이 느낄 수 있는 시간이었습니다."
> "그룹 내 구성원 간 인사 나누고 화합할 수 있는 동기가 되어 좋았습니다."
> "직원들 간의 화합이 된 것 같아서 좋았습니다."
> "오늘 배운 내용을 바탕으로 업무에 많은 도움이 되도록 하겠습니다."
>
> (워크숍 참석자 코멘트)

7차수에 걸친 워크숍을 통해 도출된 행동약속은 전체가 취합되어 최종 9개로 정리되었다. 이름 하여 I그룹 행동약속, 렛츠나인(Let's 9)이다. 가령 핵심가치인 '도전'을 실천 행동으로 구체화한 것은 '아이디어를 권장하고, 부정적인 표현을 하지 않고, 실패를 교훈삼아 대안을 만드는 것'이었다. 가치관을 각자 자신의 업무에서 어떻게 실천하고 행동할 것인지 직원들이 스스로 만들고 토론한 결과였다.

| 표 5 | I그룹 가치관 행동약속, Let's 9

핵심가치명	정의	행동약속
도전이 미래다	우리의 도전은 실패를 두려워하지 않는다. 시대의 변화를 선도하는 도전이 회사의 미래가 된다.	아이디어를 권장하고 새로운 방식으로 일한다.
		'안한다', '못한다', '불가능하다'는 표현을 사용하지 않는다.
		실패의 원인을 함께 찾고 최상의 대안을 만든다.
신뢰가 기본이다	고객과의 신뢰는 이 세상 무엇과도 바꿀 수 없다. 우리가 스스로 믿을 수 있어야 고객의 신뢰를 얻을 수 있다.	약속은 기한을 정하고 반드시 지킨다.
		업무의 책임소재를 명확히 한다.
		업무수행의 절차와 규정을 지키고, 잘못된 오류를 방관하지 않는다.
열정이 힘이다	우리의 열정은 불가능을 가능으로 만드는 힘이다. 최고를 향한 집요한 프로정신이 열정의 바탕이다.	회사, 부서, 개인의 목표를 정확히 이해하고, 집요하게 달성하며, 투명한 결과를 공유한다.
		개인의 정보와 경험을 적극적으로 공유한다.
		준비는 철저하게, 결정은 단호하게, 실행은 빠르게! 자기 분야의 프로가 되자.

또한 가치관 이해와 공감을 더 확산하기 위해 임원 내재화 워크숍을 진행했다. 내재화란 조직의 가치관을 본인의 가치관으로 받아들이고 실천하도록 만드는 것이다. 따라서 임원 내재화 워크숍은 지금까지의 진행상황을 공유하는 한편, 가치관 경영을 위해 임원들이 어떤 역할을 해야 하는가에 중점을 두었다. 이 가치관이 우리에게 왜 중요한지 직원들을 설득할 수 있는 논리 만들기, 어떤 상황에서 이 가치관을 실천했었는지 사례 찾기 등의 실습을 곁들였다. 특히 일상 업무에서 직원들이 판단 기준이 모호해서 헷갈릴 수 있는 딜레마 상황을 상정하고, 임원들이 가치관에 기반을 두어 일종의 모범답안을 만들어 볼 수 있게 했다. 예를 들어 개인성과는 뛰어나지만 팀워크를 깨트리는 직원을 가치관으로 어떻게 코칭할 것

인가 고민해 보는 것이다. 임원들은 토론을 통해 핵심가치인 '신뢰'에서 답을 찾았다. 팀워크를 깨트리는 행위는 서로간의 신뢰를 깨트리는 행위이기 때문에 I그룹의 가치관에 맞지 않는다는 것이다. 그밖에 가치관 경영을 어떻게 지속시킬 수 있을지, 어떤 제도에 반영해야 할 지 임원들의 의견을 모으는 세션도 진행했다. 공식적인 가치관 선포식도 가졌다.

> "2014년 3월 I그룹은 그룹사 임직원 500여 명이 참석한 가운데 비전선포식을 개최했다. K회장도 이날 자신의 '꿈'을 이야기하면서 임직원들과 비전을 함께 나눴다. 사업다각화를 통한 지속성장하는 기업을 만들자는 것이었다. I그룹의 미래는 밝을 수밖에 없다." (인용: 포브스코리아 최영진 기자, 2015.04.23.)

선포식을 끝으로 I그룹의 가치관을 최종 정리한 후, 가치관 중심으로 전략체계와 조직성과체계를 가져갈 수 있도록 제도화 프로그램을 기획했다.

첫 번째는 가치관 논리 체계 정립이었다. 가치관 선포식 전후로 행동약속 도출 워크숍, 임원 내재화 워크숍 등 전 직원에게 I그룹의 가치관을 전파하고 설명했지만 그간의 논의를 명료화된 문서 자료로 만들어 두는 것이 필요했다. 이것이 가치관 논리집(Value Book)이다. 논리집은 말 그대로 I그룹의 가치관이 어떤 배경으로 만들어 졌고, 문장 하나 단어 하나가 어떤 함의를 가지고 있으며 그 과정에서 구성원들이 어떤 노력을 했는지가 담겨 있었다. 그리고 이해를 돕기 위한 사례들도 곁들였다.

논리체계를 만들어 놓는다고 끝이 아니라 이를 끊임없이 직원들에게 알리는 것이 필요했다. 그래서 계층별 교육의 한 세션으로 가치관을 넣었다. 1박 2일의 역량 교육을 받기 위해 모인 직원들에게 첫 날 첫 순서로 I그룹의 가치관을 다시 한 번 설명했다. 그리고 결국 가치관 경영에서 중요한 것은 실천인데 어떻게 할 수 있는지에 대해 스스로 방법을 찾아보도록 유도했다. 선포식 이후 회사의 가치관이 개인의 가치관으로 어떻게 연결될 수 있는지 생각해 보게 한 것이다. 가치관 재교육은 회사의 가치관을 나의 가치로 끌어 올 수 있는 계기가 되었다.

"회사의 비전과 내가 해야 할 일에 대해 다시 생각해 볼 수 있는 좋은 기회였다고 생각합니다."

"비전 재확인이 좋았습니다."

"회사의 비전에 대해 다시금 알 수 있었고 나의 목표설정도 다시 할 수 있어서 좋았습니다." (가치관 재교육 참석자 코멘트)

I그룹은 가치관을 제도화 시키는 작업도 시작했다. 직원들에게 가장 큰 영향을 미치는 것이 인사제도다. 가치관은 구성원의 생각을 정렬하고 행동을 한 방향으로 유도하는 것이 목적이다. 따라서 이를 규정하는 인사제도에 가치관을 반영하는 것은 필수적이다. 조직의 가치관에 적합한 사람이 누구인지 인재상을 정립하고 그에 맞는 사람을 채용해야 한다. 가치관에 맞는 행동인지 평가하고 그에 맞춰 보상해야 한다. 이것이 직원들에게도 가치관을 실천하려는 동기를 줄 수 있다. 예상했던 대로 M&A를 하고 난 후 제대로 된 PMI(Post M&A Integration)가 이루어지지 않아 인사 제도가 제 각각이었다. 이를 제도적 차원, 운영적 차원, 통합적 차원에서 가치관 중심으로 다시 만들어야 한다는 데 의견이 모였다.

▌그림 2▐ 가치관 중심의 인재상과 인사원칙

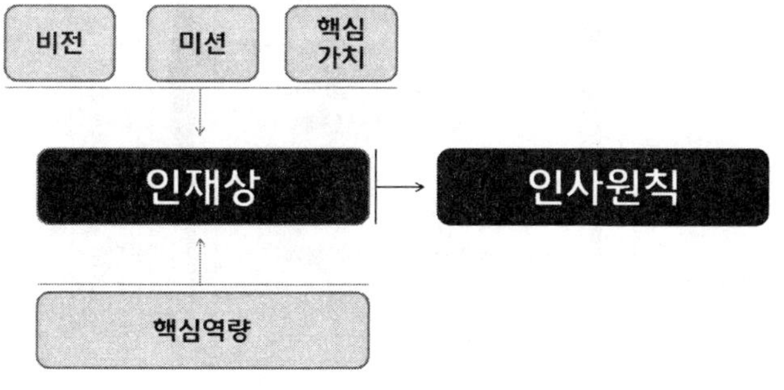

제도적 차원에서는 평가 기준부터 가치관 중심으로 가야 한다는 방향성을 세웠다. 핵심가치와 행동약속이 실제 행동의 기준으로 평가될 수 있어야 했다. 운영적 차원에서는 인사시스템이 가치관에 기반을 두어 운영될 수 있도록 채용부터 보상까지 일련의 과정을 재점검하기로 했다. 마지막 통합적 차원에서 계열사

간, 부문 간 서로 다른 기준으로 움직이지 않고 가치관을 공통의 기준으로 삼기로 했다.

이러한 방향성 하에서 가치관 중심의 인사제도를 만들기 위해 우선 I그룹에서 바람직한 인재 즉, 가치관에 맞는 인재가 누구인지 인재상부터 정의 했다. 인재상이 있으면 이러한 인재를 육성하고 발전시키기 위해 가장 적합한 인사원칙이 무엇인지를 결정할 수 있었다. I그룹의 인재상은 가치관 중 핵심가치와 밀접한 관련이 있었다. '도전'이라는 핵심가치에 입각해 자유롭게 생각하고 변화에 능동적인 인재가 인재상으로 도출되었다. 핵심가치 중 '신뢰'는 열린 마음으로 소통하고 책임감이 강한 인재상으로 귀결된다. 마지막 '열정'은 긍정적 자세로 끈기 있게 파고드는 인재를 뜻한다. 각각의 인재상에 기반을 두어 모두 9개의 역량을 도출하였다.

▌그림 3▐ I그룹의 인재상

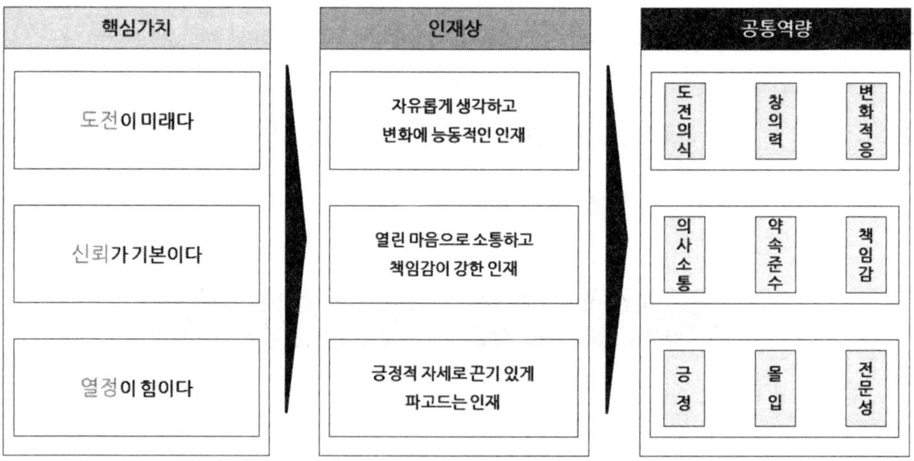

(자료원: I그룹 보고서)

인재상을 정리한 후 그에 따른 인사원칙을 만들었다. 몇 차례의 임원진 워크숍을 통해 도출된 I그룹의 인사원칙은 핵심가치의 실천행동을 강화하는데 초점을 맞췄다. 지속적으로 발전하고 성장하기 위해서 조직 체질을 강화하고 임직원들을 한 방향으로 이끌어 가는 강한 기업문화와 가치관의 전개가 무엇보다 주요하기 때문에 이를 잘 뒷받침 할 수 있는 인사원칙을 정했다. 무엇보다 I그룹 공통의 원칙, 즉 가치관을 인사의 기준으로 하고 계열사의 상황에 맞게 유연한 인사제도를 실행하는 것을 기본 방침으로 삼았다. 인재상에 인사원칙까지 나왔지만 인사는 결국 리더들의 실행 여부가 관건이다. 가치관을 반영한 인재상과 인사원칙을 제대로 이해하고 이를 중심으로 부하직원들을 관리하는 리더의 역량이 필수적이다. 따라서 임원을 포함한 중간간부 이상의 리더들이 모두 모여 I그룹의 리더역할과 리더역량을 도출했다. 임원과 팀장에게 요구되는 리더십 역량을 향후 역량평가의 기본 항목으로 적용함으로써 I그룹의 가치관에 맞는 리더를 양성하는 기준으로 활용하고자 했다. 인재상, 인사원칙, 리더십 역량모델까지 가치관을 반영했다면 본격적으로 제도에 적용시키는 일이 남았다. 그래서 전 사원 서베이와 전사 워크숍을 통해 평가지표 KPI 도출을 시작으로 평가제도, 보상제도, 승진제도, 인력관리제도 등으로 적용방안을 넓혀 나갔다.

제도의 적용은 순차적으로 진행되었다. 제일 먼저 I그룹의 가치관에 맞는 인재를 채용하는 것부터 시작했다. 홈페이지와 채용공고에 I그룹의 가치관과 인재상을 공지하고 채용 면접 시 중요한 기준으로 삼았다. 신입사원 교육 때도 가치관을 최우선으로 교육하고 논리집의 내용을 충분히 숙지하도록 했다.

두 번째는 핵심가치를 태도평가의 척도로 반영했다. 인재상에서 요구하는 가치에 맞는 행동을 직급별, 직무별로 평가하도록 했다. 세 번째는 그룹의 각 계열사로 가치관을 내리는 작업을 진행했다. 현재의 버전은 I그룹 전체를 대상으로 한 것이기 때문에 각 계열사 고유의 특징을 담기에는 한계가 있었다. 따라서 그룹사의 가치관을 기준으로 계열사의 가치관을 만들었다. 계열사마다 상황이 다르기 때문에 S테크가 제일 먼저 시작했고 나머지 계열사들도 형편에 따라 진행하고 있다. 계열사마다 가치관이 만들어지고 나면 보상체계, KPI 설정 등으로 보다 구체적인 제도화를 진행할 계획이다.

5. 가치관 경영의 지속을 위한 과제

I그룹은 새로운 가치관이 조직 내에 확산되면서 상당부분 효과가 나타나고 있다. 가치관 경영을 시작한 이후 극심한 건설 불황의 시기에도 부산의 W주상복합 건물 분양 등 중요한 전략프로젝트를 성공시켰고 매출액 또한 지속적으로 증가하였다. 주가도 400%나 상승했다. 무엇보다 M&A 이후 개별적으로 움직이던 구성원들에게 구심점이 생겼다는 것은 큰 의의가 있었다. 같은 방향성을 공유하고 공통의 일하는 방식에 공감하기 때문이었다. 일관성 있는 원칙은 의사결정과 행동의 기준으로 조직을 한 방향 정렬시키는데 도움이 되었다.

다만 문제가 전혀 없는 것은 아니었다. 논리집이나 전파교육처럼 상대적으로 저항이 덜한 것은 잘 실천되었다. 가치관 중심의 인사제도와 가치관 중심의 전략이 중요하다는 것과 그 필요성도 누구나 공감하였다. 그러나 가치관 제도화에서 도출된 여러 가지 인사제도, 전략 등이 모두 실행으로 연결된 건 아니었다. 가치관 경영에서 중요한 것은 반복이라지만 전파교육도 매년 전 직원 대상으로 똑같은 내용을 교육할 수는 없는 노릇이었다. 직원들을 지겹게 하지 않으면서 반복적으로 가치관을 리마인드 시킬 수 있는 새로운 방법을 찾아야 했다.

가치관 경영에서는 리더의 역할도 중요하다. 교육을 받았다 해도 직원들이 리더가 가치관대로 행동하지 않는 것을 목격한다면 가치관 자체에 대한 신뢰가 떨어지게 된다. 임원들이 가치관 실천을 결정의 기준과 행동으로 보여주는 것이 중요했다. 직원들을 가치관으로 칭찬하고 가치관으로 질책하는 것이 한 방법이다. 임원들을 정기적으로 모아서 가치관 실천 사례를 공유하고 칭찬하고 질책하는 법을 토론하게 하는 세션이 필요한 이유다.

I그룹은 글로벌 선도 그룹이 되기 위해 앞으로도 M&A를 꾸준히 추진해 나갈 계획이다. M&A가 효과를 발휘할 수 있도록 기업 문화적 변화를 모색했고 그 수단으로 가치관 경영을 시작했다.

I그룹은 가치관 경영을 통해 조직통합의 노하우를 충분히 쌓은 것이 추가적인

조직 변화에 보탬이 되었다. 2016년 4월 I그룹의 모회사인 I그룹은 비데 제조 및 도소매 자회사인 S테크를 흡수합병 하였다. 비록 계열사였지만, 업종과 문화가 다른 두 기업을 합병하는데 그 동안 쌓은 노하우를 활용했다. 가치관을 새롭게 세우는 것으로 시작한 것이다. 합병 발표가 나자마자 두 조직의 간부급 이상이 일주일간 모든 업무를 빼고 전원 참석하여 워크숍을 진행했다. 그들이 제일 먼저 검토한 것은 우리가 합병을 해야 하는 이유, 합병을 통해 어디로 가고 싶은지, 공통의 일하는 방식은 무엇인지였다. 전략, 시스템, 규정 등 하드웨어적인 통합에 앞서 구성원들이 공감하는 가치관을 만드는 것을 최우선으로 했다. 합병을 주도한 대표이사부터 본인의 생각을 공유했다. 워크숍 참석자들은 간부로서 혼란스러운 조직을 위해 어떤 역할을 할지 토론했다. 대표이사와 간부들이 합병의 타당성에 공감한 가운데 새 조직에 적합한 가치관을 논의했다. 합병을 통해 궁극적으로 사회와 고객에게 어떤 가치를 줄 수 있을지 미션을 설정했다. 합병의 시너지로서 어떤 비즈니스 모델이 가능할지 비전을 도출하고 모두의 아이디어를 모았다. 두 조직이 일하는 방식에 있어 공통점과 차이점이 무엇인지 서로를 소개하는 시간도 가졌다. 업의 본질과 시장 환경이 각자 일하는 방식에 반영되어 있음을 인식하고 서로에 대한 이해를 높이기 위한 목적이었다. 새로운 환경에서 버릴 것은 버리고 장점으로 살려나가야 할 기준으로 핵심가치도 추렸다.

일주일간의 워크숍을 통해 새로운 가치관을 다 같이 고민해 보니 나머지 직원들에게까지 확산하는 것이 시급해졌다. 전파 역할은 참석했던 간부들이 맡기로 했다. 본인들이 참여해서 만든 가치관이기 때문에 누구 보다 자신감이 있었다. 본인들이 공감했던 것처럼 다른 직원들도 공감할 수 있도록 노력하겠다는 다짐도 했다. 간부들이 가치관을 전파하는 동안 회사는 이를 제도화시키는 작업을 진행했다. 두 조직이 각자 가지고 있던 채용기준, 평가기준, 업무규정을 통합하는 작업을 가치관이라는 원칙과 기준을 활용해 진행하는 일이었다. I그룹 전체 차원에서 가치관 중심의 제도화 작업과 궤를 같이하였다.

"가치관을 통해 조직을 통합하는 것은 이제 어렵지 않습니다. 어떤 M&A를 해도 두렵지 않고, 우리에게는 충분한 노하우가 쌓여 있습니다."

6. 소결론

기업은 경제적 측면과 사회적 측면을 모두 가지고 있다. 기업이 창출한 경제적 가치, 즉 재무적 성과와 사업적 성과가 있는 반면 사회적 가치도 있다. 사회를 포함한 외부고객을 위한 가치 뿐 만 아니라 종업원과 같은 내부 고객에게도 가치를 창출하는 것이 사회적 성과다. I그룹도 가치관 경영을 하기 전과 후 변화가 있었다. 물론 경제적 성과와 사회적 성과의 구분이 모호하고, 기업 경영이 어느 한 가지 원인으로 귀결되기에는 어려움이 있지만 공교롭게도 가치관 경영을 추진하던 시기와 성과가 맞닿아 있는 것은 틀림없다.

(1) 경제적 성과

I그룹은 높은 성장을 이루었다. 오랜 기간 불황에 시달렸던 건설 시장 상황에도 불구하고 I그룹의 매출액은 지속적으로 증가하였다. 매출액 뿐만 아니라 기업의 미래 성장성 지표인 주가를 보면 더 인상적인 성과를 보이고 있다. M&A 이후 가치관 경영을 시작한 2013년까지 20,000원 이하에서 큰 변화가 없던 주가는 가치관 경영을 시작했던 2013년, 2014년을 기점으로 상승하기 시작해서 2015년에는 400% 이상의 성장세를 보였다.

이러한 성과는 "고객의 가장 가까운 곳에서 더 나은 내일을 디자인함으로써 모두가 꿈꾸는 여유롭고 행복한 삶을 실현시킨다."는 I그룹의 사명이 실현된 결과이며, "성장과 나눔을 함께하며 무한한 가능성과 행복문화를 창조해 나가는 글로벌 선도기업"으로서의 비전에 한 발짝 다가간 것으로 보인다.

그러나 이러한 경제적 성과가 반드시 가치관 때문이다 라고는 이야기하기 어려울 수 있다. 기업의 성공에는 많은 변수와 다양한 상황이 있기 때문이다. 하지만 좋은 전략이 있어도 이를 실행하는 직원들의 마음이 따라주지 않으면 성공하기 어렵다. 아무리 환경이 좋고 상황이 좋아도 이런 기회를 잡고 실현시키기 위해서는 직원들의 실행력이 중요하다. 가치관은 이런 직원들의 마음에 작용한다(Bart & Baetz, 1998). 그래서 가치관을 흔히 접착제에 비유하기도 한다. 벽돌을 그냥 쌓아 올려도 벽은 완성될 수 있다. 그러나 거센 바람이 불거나 외부의 충격이 있으면 그 벽은 무너져 내린다. 하지만 접착제가 벽돌 사이사이를 단단하게 묶어 주고 잡아 주면 결코 흔들리지 않는다. I그룹의 경제적 성과에 대해 여러 해석이 가능하겠으나, 중요한 것은 성공 전략 안에 가치관이 살아 있었다는 사실이다. 이것이 가치관 경영의 성과다.

(2) 사회적 성과

겉으로 드러나는 경제적 성과 외에 I그룹이 가치관 경영을 통해 내부적으로 얻은 성과 중 가장 중요한 것은 M&A 이후 화학적 통합을 이뤘다는 것이다. 물리적 통합 이후 변변한 PMI(Post M&A Integration) 작업 없이 계열사 간 시너지를 기대하기 어려운 시점에 가치관 경영을 시작한 것은 결과적으로 좋은 선택이었다.

가치관 수립 이후 I그룹이 도출한 전략적 과제나 이니셔티브 등은 어쩌면 가치관이 없었어도 충분히 나올 수 있는 내용이다. 신성장 동력을 찾고 새로운 먹거리를 찾는 것도 어느 기업이나 늘 있는 일일 수 있다. 그러나 그것의 취지나 목적을 직원들에게 어떻게 전달할 것인가, 어떻게 직원들의 동참을 유도할 것인가, 변화를 어떻게 설명할 것인가, 이것이 가치관의 역할이다(Khalifa, 2012).

신사업을 찾는 노력은 비전 달성을 위한 한 걸음으로, 역량강화는 사명을 수행하기 위한 필수 요소로, 업무의 우선순위는 핵심가치에 의거한 결정으로 직원들을 설득하는 것이다. 이미 우리 조직의 가치관이 무엇인지, 그것이 왜 중요한지 공감이 되어 있는 상태이기 때문에 이러한 설득이 직원들에게 효과를 발휘할 수 있다. I그룹도 그 효과를 톡톡히 보았다.

"임원회의에서 의사 결정하는 것이 빨라졌습니다. 모두가 공감하는 기준이 명확하기 때문이지요." (경영지원부문 A임원)

"가치관이라는 아이콘이 생긴 느낌입니다. 가치관을 이야기 할 때의 분위기가 예전과는 많이 달라졌습니다." (경영지원 부문 B부장)

"그룹사 다른 분들과 솔직한 얘기도 많이 하고 스스로에 대해 생각할 수도 있어서 좋았습니다. 회사를 다니는 의미, 회사 내에서 미래의 나를 그려볼 수 있어 좋았습니다." (가치관 전파교육 참석자 코멘트)

I그룹은 가치관 경영의 전체 과정을 실행했다. 가치관을 만들고 그냥 끝내거나, 이해와 공감 없이 바로 제도로 연결하여 가치관 경영에 실패하는 경우들이 있다. I그룹은 이런 패인을 없애기 위해 처음부터 체계적으로 접근했다. 그리고 한 단계씩 전략을 가지고 실천에 옮겼다. 긴 호흡으로 서두르지 않은 것도 성공 요인 중의 하나였다. 가치관 경영은 완성까지 3년 정도의 시간이 걸린다고 한다(전성철 등, 2014). 단기간에 승부를 낼 수 있는 문제도 아니고 가능하지도 않다. I그룹은 가치관 경영에 대한 믿음을 가지고 지금도 현재 진행형이다.

Chapter 04 가치관 경영에서 최고경영자의 역할

1. 도입

경쟁력 있는 기업문화란 단순히 조직 분위기가 좋다는 것을 의미하지 않는다. 구성원들이 조직의 존재 이유와 미래 비전, 의사결정에 대한 우선순위와 원칙 준수 등 조직화된 방향으로 함께 경영 활동을 이어나갈 때 만들어진다(Collins & Porras, 1996). 이는 곧 조직의 가치관이 명확하고 이것이 구성원들에게 내재화 되어 그 가치관을 통해 경영이 이루어지는 가치관 경영(The Values Management)을 의미한다(전성철 등, 2014). 가치관은 여러 가지 행동이나 상태의 대안 중에서 어느 것이 옳고 어느 것이 그르다는 판단의 기준으로서 개인 또는 사회에 영향을 미치는 규범을 의미한다. 이때의 판단 기준은 한 가지만 절대적으로 있는 것이 아니라 매우 다양하게 존재할 수 있다. 개인이 오랫동안 학습한 경험과 지식에 따라 우선순위의 형태를 갖추고 있으며, 성격의 한 부분으로 형성되어 쉽게 변하지 않는 영구성을 지닌다(이학종·박헌준, 2008). 최근 경영환경의 불확실성이 높아지면서 가치관의 중요성이 더욱 강조되고 있다. 급변하는 기업환경에서 장기적으로 지속가능한 기업은 매출이나 이익과 같은 재무적 가치보다는 구성원들에게 공통의 원칙과 뚜렷한 지향점을 제시하고 공유함으로써 생존할 수 있는 능력을 강화하는 특성을 가지고 있다(안세연·조동성, 2011). 무엇보다 고객 접점에서 서비스의 품질을 직접 책임지는 구성원의 역할이 지대한 서비스 기업에서 가치관의 중요성은 더 크다. 표준화된 제품이 생산되는 제조업에 비해 서비스 주체가 어떻게 생각하고 행동하느냐에 따라 품질의 변동성이 커지는 서비스업의 특성 때문이다(Frei, 2008).

Collins & Porras(1996)는 가치관을 수립하는 것이 1%라면 이를 전략, 제도, 조직으로 내재화 시켜서 적용시키는 것이 99%라고 했다. 액자 속의 가치관 보다는 일상생활에서 실현되는 가치관으로까지 전개되어야 하는데 이에 대한 학문적, 실증적 연구는 부족한 것이 사실이다(Azizi & Markizadeh, 2014). 특히, 가치관 경영에 있어 최고경영자의 역할이 중요함에도 불구하고 이에 대한 연구도 미흡하다(임명성, 2015).

본 장에서는 가치관 경영에 대한 개념 정의와 함께 가치관 경영의 프로세스를 살펴봄으로써 기업의 실제 적용 방법을 제시하였다. 또한 가치관 경영을 실천한 기업 사례를 분석하여 최고경영자 유형에 따른 가치관 경영의 특성을 비교 하였다. 이를 통해 국내 기업들과 최고경영자들에게 가치관 경영 실행을 위한 구체적인 접근 방법과 시사점을 제시하였다.

2. 기존 연구

(1) 가치관 경영

가치관이 궁극적으로 지향하는 목적은 구성원들의 행동에 영향을 줌으로써 조직의 목표를 달성하는 것이다(Mirvis *et al.*, 2010). 기업의 가치관은 정립 그 자체 보다 조직 내에서 실행되는 것이 더 중요하다. 가치관이 실행된다는 것은 최고경영자와 구성원들이 원하는 회사의 모습을 만들기 위해 지켜야 할 우선순위와 원칙이 각자 업무와 의사결정에 일관되게 적용된다는 것을 의미하며, 이러한 경영방식을 가치관 경영이라고 한다(전성철 등, 2014). 따라서 구성원들의 행동과 판단의 기준이 되려면 가치관이 만들어지고 이를 내재화 하는 과정 또한 중요한 의미를 갖는다. 가치관은 모든 직원들이 만드는 과정에 다 같이 참여할 수 없기 때문에 누군가는 왜 그렇게 만들어졌는지 궁금해 할 것이다. 더욱이 구성원 각각의 만족도가 다를 수 있고 이것이 가치관의 효과에 영향을 미친다(Bart & Baetz, 1998). 가치관을 만들어 가는 과정은 경영진이 자신들의 생각을 천명하고 이해관계자들의 관심을 끌어냄으로써 하나가 되는 과정이라고 할 수 있다. 이러한 맥락에서 Bart(2001)는 직장인들에게 가치관이 잘 내재화되지 않는 이유는 가치관이 만들어지는 과정과 소통하는 방식이 잘못 되었기 때문이라고 지적했다. 가치관이 어떤 의미이고, 각자의 업무와는 어떤 연관성이 있는지 제대로 알려주는 것이 중요하다. 가치관이 잘 내재화되면 성과와 행동의 변화, 구성원의 동기부여에 영향을 주고 실질적인 의사결정의 가이드라인이 된다는 점에서 최고경영자는 지속적인 소통의 노력을 충분히 이어나가야 한다. 또한 리더의 발언이나 행동이 가치관과 어떤 연관성을 가지고 있는지를 구성원들이 체험하게 하는 순간 가치관은 더욱 의미를 가질 수 있다. 궁극적으로 가치관은 구성원들의 행동에 영향을 주느냐가 성공의 관건인데 만드는 과정에 더 많이 참여할수록, 조직시스템에 적용이 많이 될수록 영향력은 커진다.

결국 가치관이 최고경영자의 영향력을 통해 구성원들에게 전달되고 경영을 위한 수단이 되려면 구성원들의 참여, 각자의 역할 인식, 가치관의 전파, 내재화를 위한 충분한 기간이 필요하다(Salbolainen, 1999).

(2) 가치관 경영 프로세스

가치관이 실질적으로 조직의 모든 부문에 영향을 미치기 위해서는 전파가 중요하다. 구성원들에게 동기가 부여되고 학습되어야 영향력의 도구로 활용될 수 있기 때문이다. 이런 이유로 Bart(1999)는 조직 내 구성원들의 참여를 통해 정립되고 전파된 가치관이 조직의 전략과 조직 내 시스템에 적용되어야 한다고 주장했다.

가치관을 만드는 과정에 있어서 최고경영자를 비롯한 경영진의 참여가 중요하다(Klemm *et al.*, 1991). 특히 개념적 인식차원에서 존재하는 창업자의 가치관이 기업의 가치관으로 내재화되는 과정을 연구한 임외석(2013)의 연구는 주지할 필요가 있다. 그는 선천적 요인과 후천적 요인에 의해 한 개인의 인생철학으로서 가치관이 창업자의 경영철학으로 존재하고, 이것이 성문화된 조직의 가치관으로 구성원들에게 전달되며, 동시에 창업자를 포함한 경영진의 언어와 행동이 일상적인 경영활동을 통해 구성원들에게 노출됨으로써 구성원들의 생각과 행동에 영향을 주어 그들의 조직 내 일상생활의 변화를 가져온다고 하였다. 이는 다시 조직 구성원의 일상생활에 있어서 행동과 생각을 통해 그 조직만의 독특한 조직문화를 형성하게 된다. 조직문화는 다시 조직이 추구하고자 하는 전략적 방향을 설정하는데 영향을 미치고, 구성원들의 역량을 전략적 방향으로 결집시키는 강력한 원동력이 된다. 이것이 경영성과에 영향을 미치고 결과적으로 조직은 발전하게 되는 것이다. 이처럼 창업자를 포함한 최고경영자의 가치관이 기업의 가치관에 미치는 영향은 지대하다. 또한 임명성(2015)은 최고경영자에 의해 수립된 가치관은 기업의 모든 활동에 영향을 미칠 뿐만 아니라 궁극적으로 기업 성과에도 영향을 미친다고 주장하였다. 최고경영자가 가치관을 만드는데 주도적인 역할을 수행하기 때문에 가치관은 최고경영자에게서 시작된다고 봐도 과언이 아니다. 조영호와 박계홍(1992)은 리더의 관심과 열정, 그리고 상징적 행위가 구성원들에 커다란 영향을 준다는 것을 밝혀냈다. 참여와 교육(커뮤니케이션) 또한 마찬가지다. 리더의 관심과 노력으로 가치관 정립과정에 구성원들이 참여를 많이 할수록, 가치관에 대한 교육 기회가 많을수록 구성원들의 이해도와 동기가 높아지기 때문이다. 가치관을 정립하고 전파하는 과정이 가치관 경영에 있어서 구성원들의 가치관 수용태도를 결정하는데 중요한 요인으로 작용한다.

이처럼 가치관이 만들어지고 조직에 내재화 되는 과정을 조영호 등(2009)은 Nanus(1992)의 비전정립 프로세스(Vision Forming Process)를 참고하여 경영이념의 프로세스라 이름 붙이고 발견, 정립, 소통, 실행의 4단계로 정리하였다(그림6).

첫 번째는 가치관의 발견이다. 그 기업이 가지고 있는 생각, 특히 최고경영자의 경영철학과 가치를 알아내는 단계다. 즉, 가치관의 시작과 근원을 찾는 작업이다. 기업이 어디에서 시작되었는지, 창업정신은 무엇인지, 기업의 역사 속에서 어떤 기준으로 주요한 의사결정을 해 왔는지, 앞으로 어떤 전략적 방향을 가지고 있는지를 정리한다. 두 번째는 가치관 정립이다. 기업의 생각이 정리되었다면 이를 정교화하고 구체화하는 단계로 가게 된다. 가치관은 보통 미션, 비전, 핵심가치로 구성하고, 이때부터 본격적으로 직원들의 참여가 시작된다(Mirvis, Googins, & Kinnicutt, 2010). 서베이, 인터뷰, 워크숍 등 다양한 기법으로 구성원들의 생각을 모아 간다. 그 결과 구체적인 가치관 체계가 만들어 진다. 일반적으로 이 단계까지 오면 많은 기업들이 가치관 선포식을 하고 대내외적으로 본인들의 지향점을 알린다. 그리고 끝이다. 그런데 이렇게 끝나면 절대로 안 된다. 가치관 경영을 좋은 집을 짓는 과정이라고 한다면 구체적인 가치관을 정립하는 것은 일종의 설계도가 나온 것과 같다. 여기까지도 쉽지 않은 과정이지만, 멋진 설계도가 나왔다고 해서 집이 다 지어진 건 아니다. 그 설계도를 가지고 땅도 고르고, 뼈대도 세우고, 내장재도 설치하는 과정을 거쳐 집이 완성된다. 가치관 수립 이후의 단계가 더 중요하다는 의미다(전성철 등, 2014). 그래서 세 번째는 가치관 소통 단계다. 새롭게 수립된 가치관이 어떤 의미인지, 왜 그렇게 결정되었는지, 개개인의 업무에는 어떤 영향을 미치게 될 것인지를 구성원들에게 이해시키고 설득하는 과정이다. 조직의 가치관을 개인의 가치관으로 자연스럽게 받아들이게 하는 것이 목적이다. 이런 과정을 통해 구성원들에게까지 동의와 공감을 얻었으면, 이제부터는 가치관에 맞춰 행동하게 하고 정당하게 보상하는 시스템과 체계가 뒷받침 되어야 한다. 그래야 지속성을 가질 수 있다. 그래서 필요한 것이 네 번째 가치관 실행 단계다. 가치관은 만들어 놓고 끝이 아니다. 그 회사의 제도와 전략에 녹아 들어가야 실행이 될 수 있다. 채용제도에 반영되어 가치관에 적합한 인재를 뽑는다. 평가제도를 통해 가치관에 적합한 직원을 칭찬하고 격려한다. 가치관에 맞는 역량을 강화할 수 있도록 교육제도에도 반영한다. 전략을 결정할 때도 가치관이 중요한 기준이 되도록 한다. 미래 목표는 가치관에서 지향하는 바를 바탕으로 한다. 행동계획과 전술은 가치관을 달성하기 위한 방법으로서 힘을 가진다. 변화의 당위성도 가치관이 공감되어 있다면 구성원들에게 쉽게 받아들여질 수 있다. 결국 일상의 모든 판단, 행동의 기준으로 가치관이 중심에 서야 한다. 제도와 시스템이 뒷받침하는 것이 가치관 실행을 위한 제도화다.

┃그림 4┃ 가치관 경영 프로세스

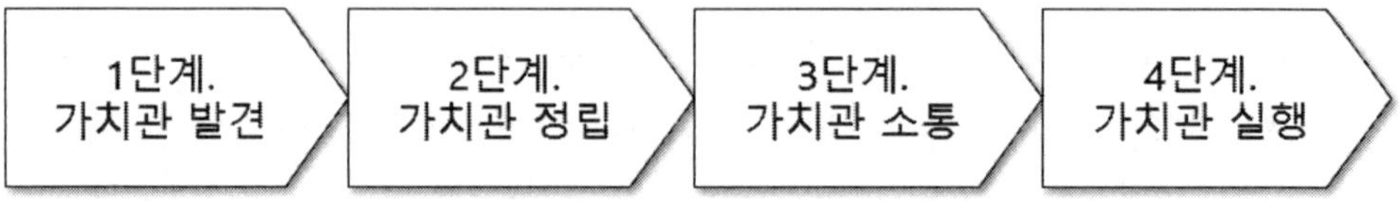

결국 가치관 경영 프로세스는 창업정신처럼 기업의 뿌리에서 출발하여 구성원들의 참여를 통해 조직의 가치관을 만들고, 이를 구성원들에게 공유하고 알린 후 제도와 각종 시스템에 반영하는 과정을 거친다.

(3) 가치관 경영과 최고경영자 유형

최고경영자의 유형은 크게 대주주이면서 경영에 직접 참여하는 소유경영인과 비록 소유주는 아니지만 자신의 전문성을 바탕으로 경영을 주도하는 전문경영인으로 구분할 수 있다. Schein(1983)은 소유경영인과 전문경영인의 차이를 가치관 관점에서 비교했다. 동기적 차원에서 소유경영인은 자신의 독점적 지위를 공고하게 만들기 위해 자신의 철학을 가치관으로 정립해 놓는 것에 관심이 있다. 반면에 전문경영인은 조직이나 계층구조를 만드는데 필요한 일관된 기준으로 가치관을 확립하는데 관심이 있다.

관계적 차원에서 보면 소유경영인은 자신의 직관이나 믿음이 반영된 가치관을 구성원들에게 감성적으로 접근하고자 하고, 전문경영인은 분석적이고 이성적인 논거에 의해 가치관을 전파하려고 한다. 구조적 차원에서 소유경영인은 지위나 역할에 대한 자신감을 기반으로 하기 때문에 별도의 논거에 대한 관심이 부족한 반면, 전문경영인은 자신의 지위가 한시적이기 때문에 가치관을 장기적으로 정착시키기 위한 공식 시스템에 관심이 많다.

| 표 6 | 소유경영인과 전문경영인 차이

구 분	소유경영인	전문경영인
동기적 차원	조직문화와 철학을 수립하고 정립하는 것에 대한 관심	조직문화를 공고히 하고 발전시키는 것에 대한 관심
	자신의 독점적 지위가 중요	조직 구축에 우선순위
관계적 차원	중앙집중적	참여와 권한위임
	자신의 직관이나 믿음을 중시	분석적이고 신중한 접근
	감성적인 접근	이성적인 접근
구조적 차원	독점적 지위에 따른 위험 감수	개인 보다 시스템에 의한 위험배분
	지위에 대한 안정감	불안정한 지위에 따른 증명의 욕구

주) Schein(1983)의 연구내용을 저자가 재정리

3. 연구방법

본 연구에서는 가치관을 정립하고 이를 내부 구성원들에게 내재화 하는 과정을 프로세스 차원으로 구조화 하여 가치관 발견-정립-소통-실행의 4단계 측면에서 소유경영인 기업과 전문경영인 기업의 사례를 비교 분석했다.

(1) 연구 대상 선정

가치관 경영 연구는 최고경영자부터 임원, 직원들에 이르기까지 전 구성원의 실질적인 생각과 감정, 행동을 탐색하고 조직분위기를 분석하며 진행된다. 따라서 연구자가 해당 기업에 얼마나 근접할 수 있는지가 중요하다. 또한, 가치관 경영의 각 단계를 충실하게 밟아 나가며 진행하는 것도 본 연구의 필수요건이다.

이러한 기준으로 2개의 서비스 기업을 선정하였다. 소유경영인 체제인 A기업과 전문경영인 체제인 B기업은 조직의 구심점으로써 가치관을 정립하고 이를

내재화하기 위해 가치관 경영을 시작했다. 그러나 소유경영인 체제와 전문경영인 체제라는 태생적 차이는 두 기업의 가치관 경영 방식에 영향을 주었다. 가치관을 발견하고 정립하고 이를 구성원들과 소통하는 방식, 실제 업무에 적용하는 접근법에 있어 분명한 차이가 있었다. 두 기업의 사례를 비교 분석해서 가치관 경영이 어떻게 진행되었고, 최고경영자의 유형에 따라 어떤 차이가 있는지, 최고경영자의 유형에 적합한 방식은 무엇인지에 대한 시사점을 도출하고자 한다.

▌표 7▌ 사례 기업 개요(2015년 기준)

구 분	A기업	B기업
창립년도 / 업종	1975년 / 건설, 건자재 법인	1988년 / 도소매 편의점
지배구조 특징	소유경영인 + 2세 경영 참여	그룹의 계열사 + 전문경영인
매출액(백만원)	780,109	3,313,302
종업원수(명)	1,098	1,141

(자료원: 각 사 홈페이지)

A기업은 지방에서 출발해서 지속적으로 사업 영역을 넓혀 수도권으로 진출한 회사였다. 창업주의 도전적인 경영스타일이 지금까지 중요 단계마다 의사결정의 기준이 되고 있으며, 2세가 경영에 참여하여 창업정신을 계승하고 있다. 단기간에 회사 규모가 커지면서 다양한 사업영역, 외부에서 영입된 다양한 인력들이 많아졌고 구심점으로 가치관을 정립할 필요가 생겼다. 이런 배경에서 창립 30주년을 맞아 가치관 경영을 시작하였다.

B기업은 국내 대기업집단 그룹의 계열사였다. 오랫동안 전문경영인 체제로 운영되었으며, 2014년 새로운 전문경영인이 취임하면서 변화를 시작하였다. 업계 경쟁이 심화되면서 일하는 방식을 바꾸고, 구성원들의 마인드를 바꾸고, 사업의 형태를 바꿔야 하는 시점에서 변화의 기반이 되는 가치관 정립의 필요성이 대두되었다. 문제는 이미 그룹 전체의 가치관이 있고 B기업도 형식적이나마 기존 가치관이 있는 상태에서 굳이 새로운 가치관을 다시 만드는 것에 대해 구성원들

을 설득시키는 일이었다. 그러나 있으나 마나한 가치관 대신 실질적이고 제대로 된 가치관을 만들어서 이를 실천하고 조직의 명확한 구심점으로 자리매김하겠다는 전문경영인의 의지가 확고했다. 그의 취임 2주기를 맞아 새롭게 가치관을 정립하고 가치관 경영을 시작했다.

(2) 자료 수집 및 연구 진행 방식

본 연구는 각 사의 최고경영자를 인터뷰 하는 것으로 시작하였다. 그들이 가진 경영철학과 주요 경영 의사결정의 기준이 무엇인지를 발견해 내는 것이 중요하기 때문이다.

▌표 8▌ 단계별 자료 수집 및 연구 진행 방식

<table>
<tr><th></th><th>A기업</th><th>B기업</th></tr>
<tr><td rowspan="5">가치관 발견</td><td>담당 부서 인터뷰</td><td>담당자 인터뷰</td></tr>
<tr><td>최고경영층 및 주요 리더 인터뷰</td><td>최고경영층 인터뷰</td></tr>
<tr><td>전직원 가치관 경영 교육</td><td>–</td></tr>
<tr><td>전직원 가치관 인식공감 서베이</td><td>전직원 가치관 인식공감 서베이</td></tr>
<tr><td>최고경영층 및 주요 임원 인터뷰</td><td>최고경영층 및 주요 임원 인터뷰</td></tr>
<tr><td rowspan="2">가치관 정립</td><td>전직원 SNS 통한 의견 취합</td><td>최고경영층 가치관 방향성 인터뷰</td></tr>
<tr><td>직원대표 50명 가치관 정립 워크숍</td><td>임원 가치관 정립 워크숍</td></tr>
<tr><td rowspan="2">가치관 소통</td><td>TMT(Top Management Team) 가치관 워크숍</td><td>핵심인력 인터뷰</td></tr>
<tr><td>전직원 가치관 전파 워크숍(7차수)</td><td>임원 및 리더급 가치관 전파 워크숍 (5차수)</td></tr>
<tr><td rowspan="3">가치관 실행</td><td>최고경영층 및 임원 제도화 방향 도출 워크숍</td><td>최고경영층 및 임원 제도화 방향 도출 워크숍</td></tr>
<tr><td>임원진 대상 전략 수립방향 워크숍</td><td>최고경영층 및 임원진 부문별 가치관경영 실행방안 워크숍</td></tr>
<tr><td>핵심인력 대상 인재상 및 인사원칙 도출 워크숍</td><td>최고경영층 및 임원진 개인가치관 수립 워크숍</td></tr>
</table>

	A기업	B기업
	리더 대상 리더십 역할 및 역량 도출 워크숍	최고경영층 및 임원진 실천 방안 워크숍
	핵심인력 대상 KPI 도출 워크숍	핵심인력 대상 실천 방안 인터뷰
	리더 대상 KPI 클릭닉	최고경영층 및 임원진, 핵심인력 제도화 확정 워크숍
	최고경영층 사업전략확정 인터뷰	최고경영층 및 임원진 스토리텔링 실습 워크숍
	임원진 대상 사업전략확정 워크숍	최고경영층 제도화 최종확정 인터뷰

이후 가치관 경영의 각 단계별로 저자가 직접 진행 상황을 모니터링 하였고, FGI(Focus Group Interview) 및 개별 면담을 통해 구성원들의 의견을 취합하였다. 동시에 각종 내부 자료를 활용하여 단계별 결과를 정리했다. 특히, 각 단계마다 최고경영자를 인터뷰 하여 그들의 생각과 의중을 파악하는데 집중하였다.

4. 사례 분석

(1) A기업의 가치관 경영

1) 가치관 경영 배경

지방의 중소건설사로 시작한 A기업은 수도권으로 진출하며 M&A를 통해 건자재, 도기, 비데, 렌탈, 해상화물업에 이르는 다양한 사업군으로 규모를 키웠다.

창업주가 그룹의 회장직을 맡고 있으며, 2세들이 주요 계열사 경영에 참여하였다. A기업은 M&A를 통한 사업군의 다양화 과정에서 조직을 하나로 묶는 구심점의 필요성을 느꼈다. 다양한 구성원들을 가이드할 수 있는 명확한 기준이 모호한데서 오는 혼란이 생겨났다. 특히, 창업주와 함께 오랜 세월 사업을 일궈온 일부 임원을 제외하고는 창업정신이나 기업의 정체성을 제대로 이해하지 못하는 구성원들이 다수였다. 창업주의 의중과는 다른 결정이나 실행이 일어나는 경우도 비일비재 했다. 서로의 업종이 다른데서 오는 문제, A기업에서 중요하게 다뤄져야 하는 기준이나 원칙이 명확하지 않아 불통의 문제로 비화되기도 했다. A기업의 창업 정신을 정리하고, 향후 A기업에서 중요한 의사결정을 할 때 기준이 될 수 있는 가치관을 만들어 구성원들과 공유해야 한다는 의견이 대두되었다(조미나·이동현, 2016a).

2) 가치관 경영 4단계

① 가치관 발견

A기업은 창업주가 가진 창업정신과 경영철학을 정리 하는 것부터 시작하였다. 창업주의 생각이 기업의 문화가 되고 기업의 분위기를 만들 수 있기 때문이다(Schein, 1983). 창업주와의 인터뷰를 통해 A기업에서 중요한 기준과 원칙이 무엇인지, A기업이 지금까지 성장할 수 있었던 성공요인이 무엇인지에 대해 심도 깊게 분석했다. 그러나 창업주와의 인터뷰에만 의존하지 않고 창업주가 평상시 직원들 앞에서 어떤 것을 강조하는지, 구성원들에게 어떻게 비춰지는지 조사하기 위해 주요 임원과 직원을 인터뷰 했다. 인터뷰 결과 창업주의 생각과 구성원들이 느끼는 것 사이에는 격차가 있었다. 창업주가 중요하다고 생각하는 것에 대해 구성원들은 서로 다른 답을 가지고 있었다. 상대적으로 창업주와 접촉이 많은 주요 임원들은 비슷한 의견을 가지고 있었지만 직급이 내려갈수록, 창업주와 만날 기회가 많지 않은 구성원들일수록 격차는 컸다. 장기 생존에 성공한 기업들을 분석한 Collins & Porras(1996)는 창업정신을 거의 종교적인 관점으로 보존하는 것이 중요함을 주장했다. 장기 생존에 영향을 미치는 주요 요인으로 경영이념의 보존을 강조하는 안세연과 조동성(2011)의 연구 결과도 마찬가지다. 창업주가 중요하다고 생각하는 것을 구성원들이 제대로 아는 경우가 거의 없다는 사실에 A기업의 최고경영층은 적지 않은 충격을 받았다. 특히 창업주 본인이 사업을 시작할 때 가지고 있었던 선한 의도, 사회에 보탬이 되고 싶다는 의지를 구성원들도 공감하기를 바랐다.

"일에 대해서 반듯하게, 깨끗이 하는 것을 중요하게 생각합니다. 고객들의 기억에 남는 집을 짓자 라는 생각을 우리 직원들도 했으면 좋겠습니다."

(A기업 창업주)

"회장님의 가치관 또는 경영철학을 많이 이끌어 내주시고 직원들이 원하는 방향과 함께 적절히 조화 되었으면 좋겠습니다." (A기업 2세경영자)

계열사마다, 사업부마다 하는 일은 달랐지만 A기업의 정체성을 정립하는데 중요한 기준은 무엇인지를 정리했다. TMT(Top Management Team)에서도 많은 토론을 거쳤다. 이런 과정을 통해 A기업의 창업정신과 경영철학에 대한 대략의 방향성을 정했다.

② 가치관 정립

기업의 정체성을 구체화하기 위해서는 창업자 개인의 가치관이 중요하다(Khalifa, 2012). 비슷한 사업을 하고 있어도 창업정신과 경영철학이 무엇이냐에 따라 회사는 완전히 다르게 운영될 수 있다. 창업정신은 조직의 자원을 어떻게 분배하고 어떤 가치가 더 중요한지에 영향을 미친다. A기업도 건설사업에서 건자재로, 물류로, 렌탈서비스로 사업을 확장해 나간 창업주의 비전이 무엇인지, 이 사업을 하게 된 계기, 우선순위와 기준을 무엇으로 생각하는지를 가치관의 근간으로 삼았다. 그러나 이를 일방적으로 구성원들에게 전달할 수는 없었다. Khalifa(2012)는 가치관이란 여러 좋은 가치들 중에서 선택을 해야 하는 문제이기 때문에 구성원들이 정립된 가치관에 진정성을 가지게 하려면 그들의 참여가 중요하다고 강조했다. A기업도 TMT에서 정립한 방향성을 중심으로 직원대표 30명이 모여 무엇이 가치관으로 적합한 지에 대해 함께 고민했다. 창업정신이 회사의 주요한 전략적 의사결정에 어떻게 반영되었는지 주요 사례를 통해 토론하는 방식으로 서로의 생각을 맞췄다. 직원대표들이 정리한 가치관 결과물은 TMT 회의에 올려서 최종 확정했다. 창업자 개인의 가치관을 조직의 가치관으로 발전시켜 구체화 하고 명료화 하는 과정이었다.

❙표 9❙ A 기업의 가치관 체계

항목	내용
미션	고객의 가장 가까운 곳에서 더 나은 내일을 디자인함으로써 모두가 꿈꾸는 여유롭고 행복한 삶을 실현시킨다.
비전	성장과 나눔을 함께하며 무한한 가능성과 행복문화를 창조해 나가는 글로벌 선도기업
핵심가치	도전이 미래다 열정이 힘이다 신뢰가 기본이다

③ 가치관 소통

새롭게 정립된 가치관은 전 직원이 지켜보는 자리에서 공식적으로 선포되었다. 무엇이 A기업의 원칙인지, A기업은 어떤 방향성을 가지고 가야 하는지, A기업이 다른 경쟁자들과 차별화되는 이유는 무엇인지에 대해 명확한 답을 주는 자리였다. 그러나 아직은 표현으로만 존재하는 내용이었다. 가치관 정립 단계에서 직원대표들만 참석하여 워크숍을 진행해 나온 결과였기 때문에 나머지 직원들은 이해도가 떨어질 수밖에 없었다. Bart & Baetz(1998)는 가치관을 정립하는 과정에 모든 직원들이 풀타임(Full time)으로 참여할 수 없기 때문에 각자의 체감정도가 다르고, 이것이 실천에 대한 동기부여 측면에서 가치관 경영의 성과에 영향을 미친다고 했다. 특히 창업자의 가치관이 기업 구성원 및 사회적으로 용인될 수 있는 항목으로 명문화 되어, 기업 경영 활동의 기준이자 사회적 존재 의의를 실현할 수 있게 하는 가치 체계가 되려면 구성원들의 공감이 필수적이다(박인정·김영갑, 2015). 이는 가치관 경영의 과정에서 합의가 중요한 이유이기도 하다. A기업도 전 직원을 대상으로 가치관을 알리고 전파하는 워크숍을 개최했다. 서울 본사, 각 공장, 지역 영업본부까지 구성원들을 모아 새롭게 정립된 가치관의 취지와 맥락을 설명했다. 단어 하나, 문구 하나가 어떤 의미를 가지는지, 왜 이러한 결과물을 도출했는지 공감을 구했다. 가치관이 창업정신에서부터 출발한 것이었기 때문에 회사의 창립시점부터 역사를 되짚으면서 어려울 때마다 위기를 극복할 수 있었던 기준이 무엇이었는지를 가치관으로 설명했다. 회사가 지금의 모습으로 성장하기 까지 가치관이 어떤 역할을 했는지 각종 성공 사례를 통해 자부심을 불러 일으켰다. A기업이 사회에 주는 가치에 공감하고, 같은 길을 가는 동지로서 애정을 확인하며, 가슴 설레는 미래를 같이 이야기 하게 함으로써 감성적으로 설득하는데 많은 공을 들였다. 무엇보다 가치관은 구성원들의 실천이 전제가 되어야 하기 때문에 각자 업무에서 가치관을 어떻게 실행할 수 있을지 행동약속을 만드는 경우가 많다(Edmunds, 2014). 가치관 자체를 정립하는 과정에는 참여하지 못했던 직원들도 자신들이 직접 행동약속을 정하고 다짐을 하면서 참여의지를 높이는 것이다. A기업 구성원들도 새로운 가치관에 맞는 행동약속을 스스로 만들며 실천을 다짐했다.

> "우리 회사의 발전되고 있는 모습을 많이 느낄 수 있는 시간이었습니다."
> (워크숍 참석자)
>
> "서로가 공감하고 사업장간, 동료들간 경험을 나눔으로써 행동약속을 도출하는데 도움이 되었습니다. 업무에 실천해 보겠습니다." (워크숍 참석자)
>
> "가치관 정립 이후 과거와는 달리 명확한 비전을 가지고 일을 할 수 있게 된 것 같고, 회장님을 포함 임원들이 가치관에 높은 관심을 보이고 있습니다."
> (A기업 2세경영자)

가치관을 만들어 가는 과정은 이해관계자들의 관심을 끌어내고 경영진과 직원들이 하나가 되는 것을 도와준다(Klemm *et al.* 1991). A기업도 구성원들이 점점 하나가 되고 있음을 실감할 수 있었다. 전 직원 전파 워크숍을 통해 가치관을 이해시키고 공감하게 한 후에는 정기적인 직급교육에 가치관 부분을 포함시켰다. 신입사원이 들어왔을 때, 승진자 교육을 할 때 가치관은 필수 교육 코스가 되었다.

④ 가치관 실행

전 직원 대상 소통을 통해 가치관에 대한 공감을 얻은 이후에는 구체적인 제도에 반영하는 작업이 뒤따라야 한다(Wilson, 1992). 이념과 규정(Policy) 사이의 균형을 잘 잡지 않으면 그동안의 노력이 실패하기 때문이다(Quinn, 1978). 채용 시 지원자가 A기업의 가치관과 얼마나 맞는지 검토하도록 인터뷰 질문에 반영하고, 평가기준으로 가치관을 활용하고, 가치관을 전략과 인력육성계획에 포함시키는 등 다방면으로 검토하였다. 실무진에서 준비를 하였는데 아직 모두 실행되지는 않고 있다. 가치관을 정립하는 데 까지는 최고경영층의 관심이 많았는데 선포식과 내재화 이후에는 관심이 줄어든 것이 가장 큰 이유다. 소유경영인은 굳이 가치관을 제도에 고정시키지 않아도 향후 얼마든지 전략과 제도에 영향을 미칠 수 있기 때문에 가치관의 제도화에 적극적이지 않을 수 있다. 소유경영인은 자신의 사고체계인 가치관을 통해 조직 및 구성원들의 사고, 태도, 의견, 행동에 영향을 미칠 수 있다는 것으로도 큰 의의를 둔다(Salvolainen, 1999). 일례로 A기업의 여러 계열사 중 유일하게 제도화에 속도를 낸 곳은 전문경영인 체제로 운영되는 곳이었다.

> "가치관 수립으로 처음부터 크게 바뀌지는 않을 것입니다. 차차 변화하면 되지요." (A기업 창업주)

A기업은 가치관을 구성원과 공유하고 교육을 통해 내재화시킴으로써 창업정신을 계승하고 공식화 하는 것에 성공을 거두었다. 다만 제도에 반영하는 것은 아직 과제로 남아 있다.

(2) B기업의 가치관 경영

1) 가치관 경영 배경

B기업은 재계순위 5위 안에 드는 재벌그룹의 계열회사였다. 과거에는 그룹 내 백화점, 대형마트 등 굵직한 유통분야에서 크게 두각을 나타내지 못하다가 1인가구의 증가, 편의사회로의 이동 등 사회적 환경이 변화하면서 위상이 커지고 있었다. 2010년 비슷한 규모의 경쟁사를 M&A하여 외형이 크게 확대되었고, 창립 당

시부터 전문경영인 체제로 운영되다가 2014년 경영진의 변화가 있었다. 신임 전문경영인은 B기업을 재도약시켜야 하는 막중한 책임을 지고 취임하였다. 사업전략, 일하는 방식, 직원들의 마인드까지 근본적인 변화를 꾀해야 하는 시점이기도 했다. 차별화가 쉽지 않고, 경쟁이 치열한 업종의 특성 상 직원들의 이직율도 상당히 높았다. M&A 이후 구성원 간 이질감이 완전히 정리되지 않은 상태였다. 조직을 안정화 시키면서 대대적인 변화를 꾀해야 하는 상황에서 전문경영인은 조직을 장악할 무기가 필요했다. 임기가 있는 전문경영인 체제의 특성 상 구성원들을 장악하는 것은 결코 쉽지 않다. 근본적으로 B기업의 정체성을 새롭게 정립하고, 구성원들을 하나로 모을 수 있는 방안으로 가치관 경영을 시작했다.

2) 가치관 경영 4단계

① 가치관 발견

가치관은 최고의사결정자에서 시작되어야 한다는 것은 전문경영인 체제도 예외는 아니다. 아무리 좋은 가치관이라 하더라도 기업의 주요한 의사결정에 반영되지 않는다면 죽은 것이나 다름없다. 주요 의사결정을 제일 많이 하는 최고경영자의 생각이 가치관에 반영될 수밖에 없다. 그러나 전문경영인 체제에서 최고경영자가 바뀔 때마다 기계적으로 가치관을 새롭게 만들 수는 없다(전성철 등, 2014). 최고경영자도 구성원의 한 사람으로서 공감하고 받아들일 수 있는 원칙과 기준을 고민해야 한다. 창업정신을 잘 알고 있는 사람과 이야기를 나눠 보거나, 임원들과 가치관에 대해 심도 깊은 토론을 해도 좋다. 전성철 등(2014)은 여러 사람의 의견을 수렴하고 모아 나가되, 최고경영자 스스로 개인이 아닌 회사의 대표자로서 도저히 지킬 수 없는 것이 무엇인지도 파악해야 한다고 주장했다. 가치관 경영의 성공은 최고경영자의 실천에 달려 있기 때문이다. B기업은 그룹 창업자의 창업정신에서 출발하여 그룹 내에서 유통부문이 가지는 의미와 역할을 고민했다. 유통부문 내에서 B기업의 위상도 참고했다. 물론 전문경영인도 인터뷰를 통해 본인의 생각을 정리했다. 가치관 경영을 시작하게 된 계기, 그가 가장 중요하게 생각하는 원칙과 기준, 구성원들에게 알려 주고 싶은 일의 의미와 미래 방향 등 가치관을 구성할 수 있는 재료들을 쌓아 갔다. 동시에 임원과 직원그룹의 인터뷰도 병행했다. 구성원들이 생각하는 B기업의 가치관은 무엇인지, 전문경영인의 생각과 어떤 공통점과 차이점이 있는지 조사했다. 무엇보다 B기업은 전문경영인의 재임기간이 평균 2.63년(2014, CEO 스코어 발표)에 불과한 우리나라 현실에서 짧은 기간 내 조직을 장악하고 성과를 내기 위한 도구가 절실했다.

> "직원들의 이직률이 높고, 자부심이 부족하고 열정이 없는 문제를 가치관을 통해 해결하고 싶습니다." (B기업 최고경영자)
> "그룹사와의 연계와 함께 우리만의 정체성이 필요합니다." (B기업 임원)
> "앞으로도 변동 없이 일관성 있게 추진할 수 있어야 합니다." (B기업 직원)

Bart(1997)는 구성원들을 동기부여 시킴으로써 행동에 영향을 미치고, 자원할당이나 업무에 일관성을 부여하는데 가치관은 좋은 도구라고 주장했다. 공식적인 시스템이나 규정 보다 소프트하면서 조직 문화적 분위기를 몰아가는데 가치관은 강력한 힘을 가질 수 있다. 가치를 공유하고 행동의 표준을 제공하기 때문이다. 가치관은 최고경영자에서 출발해서 경영 활동 전반에 영향을 미친다. 따라서 자사의 특징을 반영하고 다른 조직과 명확히 구분될 수 있는 고유한 내용을 담고 있다(임명성, 2015). 내부적으로는 일관된 기준이, 외부적으로는 차별화의 근간이 되는 것이다. B기업은 가치관을 통해 일관되고 차별화된 조직의 기틀을 잡기 시작했다.

② 가치관 정립

전문경영인의 생각을 정리하고 임원을 비롯한 구성원들의 생각까지 취합한 결과를 토대로 B기업의 가치관을 정립했다. 사실 B기업은 이미 나름의 가치관이 있었다. 그룹사의 가치관을 B기업에 맞게 용어만 바꾼 버전이었다. 그러나 형식적으로만 존재하여 구성원들의 공감을 얻지 못하고 있었고, 신임 전문경영인이 보기에도 미흡한 점이 있었다. B기업의 정체성, 업과 직무의 특징 등이 좀 더 현실감 있게 가치관에 포함되기를 바랐다. 가치관은 조직의 핵심 의사결정자의 신념과 생각이 명시적이고 공식적으로 표현되어야 한다(임명성, 2015). 그렇다고 취임한 지 얼마 되지도 않은 전문경영인 개인의 생각을 밀어붙일 수는 없었다. B기업은 가치관을 새롭게 정립함에 있어서 논리가 필요했다. 최고경영자가 새로 바뀌었기 때문에 가치관이 바뀐다는 인상을 주지 않는 것이 가장 중요했다. 앞으로 어떤 경영자가 취임해도 바뀌지 않고 영속적인 가치관으로 지속성을 가진다는 것을 구성원들에게 이해시켜야 했다.

"이미 가치관이 있는데요, 가치관을 다시 수립하는 배경이 궁금합니다."

(B기업 직원)

"실행이 가능하도록 구체적인 비전이 필요합니다. 실천이 중요합니다."

(B기업 임원)

왜 이 시점에서 회사의 가치관을 다시 정립하는지, 어떻게 만들어갈 것인지에 대한 논리체계부터 공을 들였다. 1단계는 기존 가치관을 분석하는 것이었다. 그룹의 가치관을 분석하고 B기업 가치관은 그룹 가치관과 어떻게 연결할 것인지 방향성을 도출했다. 2단계는 B기업 자체가 가치는 정체성을 반영하도록 했다. 업의 특성, 타겟시장과 목표, 논리적 당위성이 그것이었다. 이 단계에서 전문경영인의 생각이 주요하게 들어갔다. 3단계는 이를 구성원들이 쉽게 이해하고 익힐 수 있도록 표현을 명료화하고 간결화 하는 것이었다. 직관적으로 이해하기 쉽고 일관된 표현체계를 가지도록 했다. 일련의 단계를 거치면서 전문경영인의 개인적 가치관에서 시작했지만, 논리적 체계를 갖추고 당위성을 포함시킴으로써 조직의 가치관으로 발전시킬 수 있는 토대를 쌓았다. 이렇게 결정된 B기업의 가치관은 임원회의에서 많은 토론을 통해 다시 조율되었고, 전문경영인의 최종 승인을 얻었다.

최고경영자는 가치관을 통해 기업, 조직, 또는 구성원을 변화시키기 위한 시발점을 삼을 수 있다(조영호 등, 2009). 가치관을 공식적으로 명문화하여 경영 의사결정에 영향을 미치게 하고 이것이 기업 활동 전체에 영향을 미치게 되면, 최종적으로 구성원의 신뢰와 충성을 확보할 수 있기 때문이다. B기업은 논리적 당위성을 획득하며 가치관을 공식화 시키는 과정을 진행했다.

▌표 10▐ B 기업의 가치관 체계

항목	내용
미션	일상의 행복을 충전시키는 해피리더
비전	세계 1등의 자부심, 대한민국 1등 편의점
핵심가치	새로운 길을 가는 도전 일을 즐기는 스마트 정정당당한 실행 신나는 동반성장

③ 가치관 소통

가치관이 형식적인 것이 아닌 실제적인 내용을 포함한다는 것을 모든 구성원들과 꾸준히 소통하는 것이 중요하다. 구성원들이 가치관에 만족해야만 원하는 성과를 얻을 수 있기 때문이다(Bart & Baetz, 1998). B기업 구성원들은 과거 길지 않은 임기의 전문경영인들을 겪은 경험으로 이번에도 하나의 이벤트 정도일 거라는 인식이 팽배했다. 이들을 설득시키는 것이 급선무였다. 구성원들을 인터뷰 해 보면, 그들도 변하지 않는 회사의 방향성과 원칙이 있기를 바라고 있었다. 수장이 바뀔 때마다 제도가 바뀌고, 기준이 바뀌고, 분위기가 바뀌는 것을 너무 많이 봐 왔기 때문이다. 이번에는 앞으로도 지속될 수 있는 가치관을 만드는 것이라는 인식을 심어 주는 것이 가장 중요했다. 전 직원을 대상으로 전파 워크숍을 진행했다. 새롭게 정립된 가치관이 어느 개인의 생각이 아닌 B기업 전체의 생각이고, 구성원들의 생각이라는 것을 심어주기 위해서였다. 대상에 따라 워크숍의 설계도 달리 했다. 임원의 경우 실질적인 의사결정자(Decision Maker)로서 가치관 기반으로 의사결정을 어떻게 해야 하는지를 전달했다. 매니저 이상 간부들은 직원들이 가치관에 부합하는 행동을 하도록 밀착관리하고 육성하는 촉진자(Facilitator)의 역할을 위해 가치관 기반으로 코칭을 어떻게 해야 하는지를 설명했다. 마지막으로 매니저 미만의 직원들은 가치관에 맞춰 행동하는 실행자(Implementer)로서 실제 업무 상황을 토대로 가치관 기반으로 일하는 방식을 습득하는 가치관 기반의 업무수행 방식을 훈련했다.

> "업무에 혼란이 있을 때 신속한 의사결정을 할 수 있을 것 같습니다."
> (임원 워크숍 코멘트)
>
> "가치관을 행동으로 변환시켜 직원들과 실천하겠습니다."
> (매니저 이상 워크숍 코멘트)
>
> "하나의 가치관으로 업무를 하면 효율적이고, 더 즐거운 회사 생활을 할 수 있을 것 같습니다." (매니저 미만 워크숍 코멘트)

특히 가치관의 내용 하나 하나를 논리적으로 이해시키기 위해 노력했다. 그냥 좋은 말이 아니라 그룹사 가치관과는 어떤 연관성이 있고, 우리 업의 정체성은 어떻게 담겨 있는지 논리를 가지고 설명했다. 이러한 전파 노력은 가치관이 경영 활동의 여러 부문에서 긍정적 영향을 미치는데 도움이 된다. 특히 구성원들로 하여금 자신이 지지하는 가치와 목표, 비전의 제시 등을 논리적으로 이해할 수 있게 한다면, 일체감을 강화시키고 미래에 대한 희망을 심어 줄 수 있다(조영호 등, 2009). 가치관은 기업 내 특정 문제에 대한 해결책을 찾는 과정에서 논리적 구조의 지식을 제공함으로써 생산성 향상에 도움을 준다(Beyer *et al.*, 1988). B기업은 가치관을 통해 일하는 방식이 통일되고, 일관성 있는 판단의 기준을 가질 수 있게 되었다.

④ 가치관 실행

가치관은 경영 문제의 해결책을 위한 기반을 제공한다. 따라서 가치관은 형식적이 아니라 실재적인 내용이어야 한다. 회사가 가고자 하는 미래 상태와 목표를 제시함으로써 구성원들이 어떻게 행동해야 하는지 가이드라인이 되어야 한다(조영호 등, 2009). 일정한 원칙에 따라 소통하고, 교육시키고, 제도화 될 때 의도된 목적을 유도할 수 있다. B기업은 가치관을 커뮤니케이션 하는 동시에 지속 실행을 위한 제도화에도 발 빠르게 움직였다. 가치관이 단순히 좋은 말로 끝나는 것이 아닌 실질적으로 회사 운영에 활용되고 있음을 직원들에게 보여줄 필요도 있었다. 가치관이 평가시스템에 연동될 때 성과가 가장 높았다는 Bart & Baetz(1998)의 연구결과와 마찬가지로 B기업도 평가체계부터 반영했다. 과거 태도평가 시 일반적인 내용을 활용했다면, 가치관을 새롭게 만들고 나서는 실질적인 평가 기준으로 삼았다. 신입직원을 뽑을 때도 가치관을 채용기준으로 활용했다. 가치관을 내재화 할 수 있는 가장 좋은 방법은 직원들이 스스로 이를 체험하는 것이다(전성철 등, 2014). 임원을 비롯한 상사가 가치관을 중심으로 행동하고 판단할 때 직원들은 이것이 실제 적용되고 있음을 느낀다. Bart(1997)의 연구에 의하면 가치관에 참여함으로써 효과를 극대화시키는 이해관계자 중 최고경영자는 너무 당연하고, 임원급의 참여가 크게 효과적이었다. B기업도 임원들부터 가치관을 실천할 수 있는 방법을 찾았다. 최고경영자를 포함한 전 임원이 매월 가치관을 주제로 미니워크숍을 열었다. 워크숍 때마다 임원들은 본인이 직접 가치관으로 직원들을 칭찬하고 질책한 사례를 가지고 왔다. 이를 서로 토론하면서 가치관의 의미를 다시 되새기고, 타인의 사례를 통해 시사점을 얻었다. 회사 차원의 가치관을 임원 본인이 맡고 있는 본부의 가치관으로 어떻게 연결할 것인지도 고민했다. 가치관이 제도에 반영될 때의 방향성도 함께 토론했다.

> "이미 시간을 많이 지체했으니 좀 더 신속하게 가치관 경영을 진행해야 합니다." (B기업 최고경영자)
>
> "우리 부문의 미션과 비전을 설정한 것이 도움이 될 것 같습니다." (B기업 임원)
>
> "가치관에 의거한 칭찬과 질책을 통해 직원들의 마인드를 숙지시켜야겠습니다." (B기업 임원)
>
> "임원께서 회의 때 마다 가치관 실천사례와 비전을 언급하세요."(B기업 직원)

임원들이 움직이기 시작하니 가치관이 실제로 실천되고 있음을 직원들도 느끼기 시작했다. 임기가 정해져 있는 전문경영인은 가시적 성과나 객관화된 프로세스에 관심이 크다(최보금, 2015). B기업의 최고경영자도 본인 임기 내 가치관을 제도에까지 적용함으로써 가치관 경영을 완성시키고자 하는 의지가 컸고, 제도화에 적극적으로 임했다.

5. 소결론

(1) 비교 분석

A기업과 B기업은 가치관을 통해 조직문화를 공고히 하고, 조직구성원을 통합시키기 위한 목적으로 가치관 경영을 시작하였다. 그러나 두 회사의 최고경영자 유형에 따라 접근법은 달랐다.

소유경영체제인 A기업은 회사가 발전하고 규모가 커지면서 창업정신이 흐려지고 다양한 생각들이 혼재되고 있는 상황을 정리하고자 가치관 경영을 시작했다. 따라서 창업자이자 최고경영자가 어떤 가치관을 가지고 있는가가 가장 중요한 시발점이었다. 전문경영체제인 B기업도 가치관 경영을 최고경영자의 생각에서 시작한 것은 동일하나, 창업자가 아니기 때문에 자신의 생각을 일방적으로 내세우기가 어려운 상황이었다. 오히려 가치관이라는 일관된 기준을 통해 조직을 장악하기 위한 목적이 컸다. 이런 차이는 가치관 정립단계에서부터 확실하게 구분 되는데, A기업은 창업자 개인의 생각을 잘 정리해 내는 것으로 충분한 이유를 가질 수 있었다. 그러나 B기업은 가치관이 단순히 최고경영자 개인의 생각이라기보다는 그룹사의 가치관, 업의 특징이나 직무의 성격과도 밀접한 연관성이 있다는 논리가 필요했다. 이러한 논리는 가치관을 소통할 때 더욱 중요해 진다. A기업은 소유경영자의 지배권이 크기 때문에 왜 이런 가치관이 만들어졌는가 보다는 창업정신으로서 가치관이 회사의 역사 속에서 얼마나 강력한 힘을 발휘해 왔는지를 각종 성공사례나 증언처럼 감성적인 공감을 얻기 위한 소통 방식을 택했다. B기업은 가치관 정립 단계에서 만든 탄탄한 논리 체계를 가지고 구성원들을 이해시키는데 중점을 두었다. 전문경영인의 생각뿐만 아니라 다른 임원들의 생각, 구성원들의 의견을 같이 언급하였고, 가치관의 내용이 구체적으로 어떤 의미를 가지는지 설명하는데 치중했다. 구성원들과 충분히 소통하고 난 이후에는 가치관이 지속적으로 실천되기 위한 여러 가지 장치를 마련하는 가치관 실행 단계로 들어간다. 전문경영인 체제인 B기업은 이 단계에 매우 신경을 썼다. 가치관이 제도나 시스템에 반영되어 있어야 흔들리지 않기 때문이다. 개념 수준에서 머물던 가치관이 시스템으로 정착되도록 노력했다. 반면, A기업은 상대적으로 제도 반영에 소극적이었다. 어차피 소유경영자이기 때문에 지금 급하게 서둘러야 할 이유가 없었다. 앞으로 언제든지 제도에 반영하고, 시스템으로 묶을 수 있다는 생각은 가치관을 제도화 하는데 있어 큰 진전을 보이지 못하는 장애요인으로 작용했다.

최고경영자 유형에 따른 기업의 가치관 경영 차이점을 정리하면 〈표 11〉과 같다. 소유경영인이 자신의 창업철학에서 시작한 가치관을 통해 구성원의 공감을 얻어냄으로써 감성적으로 접근한다면, 전문경영인은 객관적 자료와 논리적 이유를 보강함으로써 가치관 경영의 효과를 높일 수 있다. 다만 소유경영인도 가치관을 공고히 하고 실행의 효과를 높이기 위해서는 제도에까지 반영하는 것이 중요할 것이다.

▌표 11▐ 최고경영자 유형에 따른 가치관 경영 차이

	소유경영인	전문경영인
가치관 발견	가치관 발견 단계에서 소유경영인은 <u>창업정신을 계승하는 것</u>을 주된 목적으로 한다.	가치관 발견 단계에서 전문경영인은 <u>일관된 기준을 정립하는 것</u>을 주된 목적으로 한다.
가치관 정립	가치관 정립 단계에서 소유경영인은 <u>본인의 가치관을 조직의 가치관으로 발전</u>시킨다.	가치관 정립 단계에서 전문경영인은 <u>객관적 논리체계를 통해 조직의 가치관으로 발전</u>시킨다.
가치관 소통	가치관 소통 단계에서 소유경영인은 <u>감성적 공감</u>을 통해 구성원을 설득한다.	가치관 소통 단계에서 전문경영인은 <u>논리적 이해</u>를 통해 구성원을 설득한다.
가치관 실행	가치관 실행 단계에서 소유경영인은 <u>제도화에 상대적으로 소극적</u>이다.	가치관 실행 단계에서 전문경영인은 <u>제도화에 상대적으로 적극적</u>이다.

(2) 시사점 및 한계

본 연구는 가치관 경영의 4단계 프로세스를 실제 기업 사례를 통해 탐색적으로 분석한 것에 의의가 있다. 특히 구성원의 동기부여가 중요한 서비스 기업에서 어떻게 가치관을 발견하고 정립하는지, 이를 어떤 방식으로 구성원들과 소통하는지, 그리고 가치관이 실행되기 위해서는 어떤 것이 필요한지에 대해 검토하였다. 그 결과 가치관 경영의 열쇠를 쥐고 있는 최고경영자의 유형에 따라 가치관 경영의 접근방법에 차이가 있음을 밝혀내었다. 최고경영자에서부터 시작하여 가치관을 발견하고, 명료화된 표현으로 정립하고, 구성원들에게 공감과 이해로 소통하고, 제도에 반영하여 실행에 옮기는 가치관 경영 프로세스 자체는 공통적이었다. 그러나 소유경영인의 경우 자신의 창업정신을 조직의 가치관으로 공식화하고 구성원들의 공감을 얻는 방식으로 진행되었다. 전문경영인은 개인의 생각을 내세우기 보다는 논리적 이유와 구성원들의 생각을 취합하고 제도로 굳건하게 묶어 놓는 방식으로 진행하였다. 가치관 경영 프로세스는 비슷하지만 최고경영자의 유형에 따라 적합한 접근방식이 무엇인지 비교 분석해 봄으로써 향후 이를 실천하고자 하는 기업과 리더는 실질적인 시사점을 얻을 수 있다. 특히, 고객접점과 맞닿아 있는 서비스 기업의 특성 상, 직원들이 기업이미지와 기업성과에 미치는 영향이 크다. 따라서 이들을 하나로 묶어 주고 행동의 일관성을 통해 서비스 품질의 균일화를 도모할 수 있는 가치관 경영의 중요성이 크다고 할 수 있다.

이러한 연구의 의의에도 불구하고 사례 연구가 가지는 주관성 및 일반화의 한계는 분명히 있다. 특히, 연구 대상이 소유경영인 기업, 전문경영인 기업 각각 1개로 한정됨으로써 결과를 일반화할 수 있는지에 대한 비판이 있을 수 있다. 따라서 사례 연구에서 한 걸음 더 나아가 구체적인 데이터를 통한 실증연구가 필요하다.

가치관 경영을 하는 기업들을 대상으로 홈페이지에 게시된 2차 자료가 아닌 최고경영자를 직접 인터뷰 하여 그들의 가치관을 분석한 후, 이것이 조직 구성원들에게 어떻게 인식되고 공감되고 있는지를 분석해 보는 것도 방법이다. 최고경영자의 가치관이 어떤 내용을 담고 있는지를 내용분석(Contents Analysis)하고, 가치관의 내용과 기업 성과와의 관계를 검증해 볼 수도 있다.

마찬가지로 가치관의 내용이 구성원들의 인식과 공감에 어떤 영향을 미치는지를 찾아볼 수 있다. 최고경영자의 유형에 따라 가치관의 내용이나 구성원의 인식 공감에 차이가 있는지를 분석하는 것도 의미가 있을 것이다. 여기에 최고경영자가 소유경영인 인가 전문경영인 인가와 같은 지배구조의 유형도 중요하지만, 최고경영자 개인적 성향도 무시할 수 없다. 가령 소유경영인이지만 자신의 생각에서 시작하기 보다는 구성원들의 의견을 취합함으로써 가치관을 정립하고 싶어 할 수 있다. 반면에 전문경영인이지만 개인의 경영철학을 강력한 리더십을 바탕으로 밀고 나가는 경우도 있다. 따라서 최고경영자의 개인적 성향 차이에 대한 후속적인 연구도 필요하다.

Chapter 05 가치관 경영이 기업성과에 미치는 영향

1. 도입

많은 기업들이 가치관을 만드는 이유가 무엇일까? 가치관 그 자체가 목적이지는 않을 것이다. 가치관을 통해서 기업이 지속성장하고, 구성원들이 업무에 더 몰입할 수 있고, 사회적인 인식을 높일 수 있다(전성철 등, 2014). 가치관이 경영을 위한 하나의 긍정적인 수단으로 활용될 수 있다는 의미다. 그렇다면 실제로 그러할 것인가? 가치관이 기업문화에 영향을 미치고, 기업성과를 높이는데 도움이 될 것인가에 대해서는 관심만큼이나 학자들의 연구 결과들이 혼란스럽다(Azizi & Markizadeh, 2014). 가치관이 경영의 유용한 도구로서 성과를 높이는데 도움을 줄 수 있다는 의견이 있는 반면, 실질적인 증거가 없다는 반론도 만만치 않다. 최근 들어 경영환경이 불확실해지고 탄탄한 기반의 중요성이 증대되고 있는 상황에서 기업의 중심을 잡아 줄 수 있는 가치관에 대한 기대와 관심이 커지고 있다. 이런 상황에서 가치관의 토대를 만드는데 지대한 역할을 하는 최고경영자의 역할에 대한 관심 또한 커지고 있다(Schein, 1983). 그러나 연구적 접근상의 어려움으로 최고경영자의 가치관에 대한 직접적인 연구가 부족한 것도 사실이다. 최고경영자의 가치관이 구성원들에게 어떻게 인식 공감되고 있는지, 이것이 성과에 어떤 영향을 미칠 것인지에 대한 보다 직접적이고 실증적인 연구가 필요한 이유다.

2. 기존 연구

현대 기업환경에서 최고경영자의 역할은 상당하다. 특히, 창업자를 포함한 최고경영자 개인의 가치관은 그 의미가 더 크다. 가치관이 단순한 개인적 개념 수준에서 벗어나 실행으로 범위를 넓혀 경영방식으로 연결되기 때문이다. 이러한 최고경영자의 가치관은 일상의 경영적 판단과 전략적 결정을 통해 조직성과에 영향을 미친다. 본인은 물론 구성원이 업무함에 있어서 판단과 행동의 기준이 될 수 있으며, 이는 관련 제도나 조직문화를 형성하는데 큰 영향을 주기도 한다(임외석, 2013).

(1) 최고경영자의 가치관

가치관이란 개인이 오랫동안 학습한 경험과 지식에 따라 우선순위의 형태를 갖추고 있으며, 성격의 한 부분으로 형성되어 쉽게 변하지 않는 영구성을 지닌다(이학종·박헌준, 2008). 따라서 어떤 개인의 가치관을 이해할 수 있다면, 그의 행위를 예측함에 있어 일관성을 가질 수 있다. 그 개인이 기업을 경영하는 최고경영자라면 그의 행위에 대한 일관된 예측가능성은 중요성이 더 커진다. Ghiselli(1968)는 최고경영자의 가치관적 특성이 조직효과성의 관계에 매우 큰 상관관계가 있다고 주장하였다. 특히 기업의 초기 형성기 창업자의 가치관은 이후 기업 전략과 조직문화 수립에 중요하다. 창업정신이 조직 내에서 공유되고 주요한 문화로 형성되기 때문이다(Schein, 1983). 노부호와 윤완수(2009)는 최고경영자의 가치관이 기업의 가치관으로 성과에 영향을 미친다는 연구에서 최고경영자의 가치관 수준이 높을수록 종업원 만족도가 높다는 결론을 내렸다. 반면 England(1975)는 한국, 미국, 일본, 인도, 호주 등 5개국 최고경영자의 가치관을 비교하여 인적요소에 따라, 국가적 차이에 따라 어떤 차이점과 공통점이 있는지 분석하였으나 일부 유의미한 결과를 얻은 것에 비해 미미한 수준이었다. 기업성과에 영향을 미치는 최고경영자의 가치관 수준(품질)에 대한 논의는 지금껏

계속 되고 있다.

(2) 가치관의 품질

잘 정립된 가치관은 기업의 전략을 성공적으로 실행하게 하고 조직의 단결을 이끄는 소프트파워의 역할을 한다. 개개인의 행동에 영향을 미치는 규범으로서, 가치관을 중심으로 서로 협력하게 하고 목표 달성의 방법을 제안하기 때문이다(Kemp & Dwyer, 2003). 그러나 모든 가치관의 품질이 같은 것은 아니다. 어떤 경우 부주의하게, 또는 부적절하게 만든 가치관은 오히려 기업에 해를 끼치기도 한다. 따라서 오래전부터 가치관에 어떤 내용을 담아야 하는 지 가이드라인에 대한 연구가 꾸준히 시도되었다. 지금까지의 결과는 가치관의 구성요소가 공통점을 가질 수 있다는 대전제에 대해서는 학자들의 견해가 일치한다는 점이다(Peyrefitte & David, 2006). 경영철학이던, 경영이념이던, 또 다른 이름이던 가치관 안에 담고 있는 내용은 비슷하다는 주장은 David(1989)가 진행한 가치관의 구성요소 연구에서 큰 진전이 있었다. 그가 도출한 9가지 구성요소는 1) 고객(Customer) : 서비스/제품을 제공하고자 하는 대상 2) 서비스/제품(Service/Product) : 제공하고자 하는 주요 제품과 서비스 3) 지역시장(Location) : 서비스가 제공되는 지역적 범위, 경쟁시장 4) 기술개발(Technology) : 서비스에 제공되는 핵심기술 5) 수익성(Growth) : 조직의 성장과 수익 성과목표 6) 철학(Philosophy) : 조직의 신념과 가치, 우선순위 7) 자사이해(Self-Concept) : 조직 경쟁력의 근원, 경쟁우위 8) 대외적 이미지(Public Image) : 지역사회와 환경과 관련된 대중적 이미지 9) 직원(Employee) : 조직의 인적자산인 직원과 관련된 내용으로 분류하고 있다(박인정·김영갑, 2015). 이것은 많은 연구들에 있어 가치관의 내용을 평가하는 기준으로 자리 잡았고, 이후에도 많은 학자들이 이 9가지 요소를 다시 이름 붙이고, 확장하고, 축소하고, 재정의하는 작업들을 수행하고 있는 중이다.

(3) 구성원의 가치관 인식 공감

가치관이 강한 문화적 토대가 되어 경영의 효과를 얻기 위해서는 구성원들의 동의가 필수적이다. 아무리 가치관이 훌륭한 내용을 담고 있어 품질이 우수하다고해도 구성원들이 자신의 생각이나 신념과 맞지 않는다는 이유로 받아들이지 않으면 본연의 역할을 다할 수 없기 때문이다(박준혁·최장호·정연앙, 2014). 가치관이 구성원들에게 철저히 내재화되어 있을수록 조직문화는 더욱 강하고 뚜렷해진다. 강한 조직문화는 구성원들이 조직의 목표에 한 방향 정렬하게 되고, 동기유발과 조직의 통제에 보다 순응적이 되기 때문에 성과에 긍정적인 영향을 미친다(Kotter & Heskett, 1992). 구성원들이 기업의 가치관에 대해 명확하게 인식하고 이를 자신의 것으로 받아들여 업무에 적극적으로 반영한다면, 그 자체가 하나의 동기부여 요인으로서 헌신을 이끌어 내는데 순기능을 한다. 따라서 기업이 추구하는 가치관이 구성원들에게 어느 정도 공유되어 있고, 구성원들이 이를 수용하며 따르고 있는지를 측정하는 것은 매우 큰 중요성을 가진다. 조직의 가치관을 구성원들이 얼마나 수용하는지에 대한 평가는 여러 학자들에 의해 시도되어 왔다. 조영호 등(2009)은 구성원들이 가치관을 실행하는 주체로서 이를 명료하게 인식하고 이에 대해 공감할 때 업무태도가 긍정적으로 형성되고 조직성과 또한 향상된다고 했다. 이 때 측정지표는 구성원들이 기업의 가치관을 하나의 판단기준으로 인식하고 구체적인 내용을 이해하는 정도를 나타내는 '인지도'와 이를 좋아하는 정도인 '선호도'로 구분하였다. 즉 구성원들이 기업의 경영이념이나 경영철학을 공통의 가치관으로 인식하고 내용을 이해하고 있는 정도(인지도)와 이를 좋아하는 정도(선호도)로 구분할 수 있다고 말했다. 박준혁 등(2014)은 개인과 조직의 가치관 간의 부합 정도를 구성원들이 기업의 가치관을 '이해'하고 '동의'하는 정도로 측정하였다.

(4) 가치관과 기업성과

기업의 역할을 경제적 가치와 사회적 가치를 창출한다는 관점에서 보면, 기업의 성과도 경제적 성과와 사회적 성과로 구분하여 보는 것이 합당하다(이인석 등, 2006). 여기서 경제적 성과란 기업이 창출한 경제적 가치로서 재무적 성과와 사업적 성과를 포함한 개념으로 이해되며, 사회적 성과란 기업이 창출한 사회적 가치로서 내부 사회적 성과(직원 등 경영공동체에 대한 책임완수)와 외부 사회적 성과(이해관계자 등 사회공동체에 대한 책임완수)를 포함하는 개념으로 이해된다(Venkatraman & Ramanujam, 1996; 이인석 등, 2006). 가치관이 궁극적으로 조직에 어떤 성과를 가져오느냐는 가치관 연구의 근본적인 물음이다. 이론적으로는 리더십의 도구, 기업목표를 달성하기 위한 구성원들의 단합, 기업의 이미지를 높이는 대외 홍보, 기업 내 자원배분의 근거, 의사결정의 기준, 조직에 대한 열정을 불러일으키는 동기부여 요인 등 그 효과는 다양하다. 그러나 실제 가치관과 기업 성과와의 관계는 학자들마다, 상황에 따라, 환경에 따라 다른 결론으로 이어져 오고 있다. Verma(2009)는 전략적 도구와 윤리적 도구로서 가치관의 역할을 주장했다. 그는 전략적 도구로서 가치관이 목표시장과 사업전략을 정의함으로써 구성원들에게 영향을 미친다고 했다. 동시에 윤리적이고 철학적인 자산으로서 구성원들의 마음에 와 닿는 가치관은 조직을 하나로 묶어 주는 문화적 측면에서 도움이 된다고 주장했다. 그러나 실증연구에 있어서 가치관과 성과의 관계가 명확하지 않다는 반대의 주장도 있다(Rajasekar, 2013). 동일한 연구자라 하더라도 연구 주제와 환경에 따라 관계없다는 주장과 관계가 있다는 주장이 서로 상치되기도 한다. 이런 혼란스러운 결과들이 가치관의 유효성을 약화시키는 원인이 되고 있는데, 서로 다른 환경에서 실시된 연구들을 단순 비교하는 것 자체가 불합리하고, 대부분 통계적 결과여서 가치관의 다양한 측면과 공로가 반영되지 않아서 이의 효과를 입증하지 못했을 뿐이라는 주장이 그래서 힘을 얻고 있다(Azizi & Markizadeh, 2014). 가치관의 유효성을 증명하기 위한 노력의 일환으로 기업 성과를 무엇으로 볼 것인가도 중요하다. 그 중 하나가 조직몰입과 조직건강이다. Chatman(1989)은 구성원들이 기업의 가치관을 자신의 가치관으로 수용함으로써 조직과 본인을 동일시하고 조직몰입도를 증가시킨다고 하였다.

황인경(2003) 또한 조직의 가치관이 구성원의 감정적 몰입을 높인다고 주장하며 이를 통해 구성원들이 업무에 적극적으로 임할 수 있도록 해준다고 하였다. 김정은과 유규창(2014)은 조직건강을 정신적 건강과 신체적 건강으로 나눴다. 정신적 건강은 다시 공동체 지향과 활기로 나눌 수 있다. 이 중 공동체 지향은 '우리'라는 정체성 하에서 조직의 가치관에 의해 하나로 연결되어 있다고 느끼는 구성원들의 지각 정도를 말한다. 공동체 지향을 나타내는 구성원들은 조직 가치관을 통해 상호간에 감정적 유대감을 가지고 유사한 가치관과 행동패턴 등을 가짐으로써 갈등의 가능성을 없앤다(김정은·유규창, 2014). 즉, 건강한 조직은 사회에 왜 존재하고 어떻게 살아갈 것인지에 대한 자체적인 가치관을 가지고 있다. 구성원들이 조직의 가치관을 자신의 것으로 받아들여 조직과 일체감을 느끼게 되면 가치관을 실천하기 위해 끊임없는 노력을 기울인다. 이러한 정서적 몰입으로 인해 개인이 느끼는 안정감은 조직건강에 긍정적인 영향을 미치게 된다.

3. 연구 방법

(1) 대상 기업

연구 대상은 최고경영자를 비롯한 경영진이 가치관에 관심을 가지고 있는 기업들 중에서 기존에 공식화된 가치관이 없거나, 있더라도 형식적인 수준에 그치고 있는 기업 40개를 선정하였다. 전체 모수가 너무 적다는 문제점은 있지만, 실제 최고경영자를 인터뷰할 수 있는 기업을 선별한 데 의의가 있다. 대상기업들은 40년 넘은 역사를 가진 기업부터 창립된 지 갓 5년이 안된 신생기업까지 다양하게 구성되어 있으며, 평균 22년의 업력을 가지고 있다. 기계 제조업을 비롯하여 음식 프랜차이즈까지 여러 업종을 포괄하고 있고, 40개 기업 중 제조업이 25개(62.5%), 서비스업이 15개(37.5%)였다. 최고경영자의 유형은 31개(77.5%) 기업이 창업자였고, 2세경영자가 1개 기업, 나머지 8개(20%) 기업은 전문경영자였다.

| 표 12 | 대상 기업 리스트

no.	설립년도	업종	업종유형	CEO유형
기업1	1976	인력공급업	서비스	창업
기업2	1983	은행·카드·투자기관	서비스	창업
기업3	1999	섬유·의복·모피	제조	창업
기업4	1976	종합 엔지니어링	제조	창업
기업5	1991	도배, 실내장식 및 내장 목공사업	제조	창업
기업6	1975	기타 서적 출판업	제조	전문
기업7	1996	의료용품 도매업	서비스	창업
기업8	1993	변압기 제조업	제조	창업
기업9	2002	기계·기계설비	제조	전문
기업10	1989	자동차 전문 수리업	서비스	전문
기업11	2000	자동차·조선·철강·항공	서비스	창업
기업12	2002	자동차 신품 판매업	서비스	창업(2세)
기업13	1996	자동차 신품 판매업	서비스	창업
기업14	2008	자동차 신품 판매업	서비스	전문
기업15	1969	기타제조업	제조	창업
기업16	1991	음식료·외식·프랜차이즈	제조	창업
기업17	2006	제약·보건·바이오	제조	창업
기업18	1988	백화점·유통·도소매	서비스	전문
기업19	2004	그 외 기타 음식점업	서비스	창업
기업20	2012	섬유·의류·패션	제조	창업
기업21	2004	기타 기초유기화학물질 제조업	제조	창업
기업22	2000	기타 엔지니어링 서비스업	서비스	창업
기업23	1998	화학·에너지·환경	제조	창업
기업24	1995	그 외 기타 특수목적용 기계 제조업	제조	창업
기업25	1976	의약품 도매업	제조	창업
기업26	2002	음식료·외식·프랜차이즈	서비스	창업
기업27	2012	기계·설비·자동차	제조	창업

no.	설립년도	업종	업종유형	CEO유형
기업28	1994	자동차 신품 판매업	서비스	전문
기업29	1979	식품가공·농축산·어업	제조	창업
기업30	2002	은행·보험·증권·카드	서비스	창업
기업31	2009	그 외 기타 특수목적용 기계 제조업	제조	창업
기업32	2000	응용소프트웨어 개발 및 공급업	제조	창업
기업33	1994	기타제조업	제조	창업
기업34	1968	화학·에너지·환경	제조	창업
기업35	1999	식품가공·농축산·어업	제조	전문
기업36	1999	의료용품 및 기타 의약관련제품 제조업	제조	창업
기업37	1985	기타 가정용 섬유 및 직물제품 도매업	제조	창업
기업38	1994	패션의류	제조	창업
기업39	1974	연탄 및 기타 석탄 가공업 제조업	제조	창업
기업40	1989	자동차 신품 판매업	서비스	전문

(2) 내용 분석

가치관에 대한 내용 분석은 기존의 공식적인 가치관이 있는 경우 이를 참고하긴 했으나, 형식에 그쳤거나 불완전하기 때문에 저자가 직접 최고경영자를 만나 그들이 가지고 있는 경영철학과 경영을 하면서 중요한 기준이 무엇인지를 인터뷰 한 자료를 바탕으로 했다. 기업의 가치관은 창업자의 가치관에서부터 시작하는 경우가 많기 때문에 최고경영자를 직접 인터뷰 하는 것은 매우 의미 있는 일이다. 2~3시간에 걸친 심층인터뷰 동안 회사의 존재이유와 미래 방향성, 우선순위와 결정 기준 관련 질문을 하였다.

| 표 13 | 최고경영자 가치관 발견을 위한 질문 예시

우리 회사의 존재이유(사명)
- 회사에 대해서 자부심을 느끼십니까? - 보람과 의미를 느끼십니까? 왜? 직원들은 어떤 것 같으세요? - (회사명)이 없다면 사람들이 어떤 불편을 겪을까요?
중략
우리 회사에서 내리는 중요한 결정의 기준
- 직원들에게 자주 하시는 말씀은? 이것만은 꼭 지켜줬으면 하시는 것은? - 칭찬 또는 화를 내실 때는? - 경영에서 경제적인 손해를 보더라도 반드시 지켜야 하는 원칙은?
중략
우리 회사의 미래 바라는 모습
- 10년 후, 20년 후 어떤 모습이었으면 좋으시겠어요? - 모델로 삼고 있는 회사가 있다면? 왜? - 궁극적인 사업영역은? 어떤 수식어(가장 큰, 대표하는, 존경받는...)를 붙이고 싶은가?
중략

최고경영자의 답변에만 의존하면 왜곡의 여지가 있기 때문에 최고경영자가 답변한 것이 맞는지, 일관성이 있는지를 확인하기 위해 주요 임원과 직원들을 별도로 인터뷰 하여 최고경영자의 가치관 내용을 검증하는 과정을 거쳤다. 가치관 품질 평가를 위한 내용분석 방법론(Contents Analysis)은 Bart(1997)와 David(1989)의 방식을 차용했다. 인터뷰 내용은 2명의 전문가가 검증하였고, David의 가치관 구성요소를 기반으로 박인정과 김영갑(2015)이 외식프랜차이즈 기업들의 가치관 연구를 진행하면서 사용한 조작적 정의를 참고하여, 저자가 조금 더 보완한 내용으로 9개 구성요소를 정리하였다.

| 표 14 | 가치관 구성요소

David의 정의(1989)	박인정·김영갑의 정의(2015)	저자의 정의
(1) Customers–Who are the enterprise's customers?	고객–해당 기업이 서비스 또는 상품을 제공하는 대상	고객이 누구인가에 대한 언급
(2) Products or services –What are the firm's major products or services?	상품서비스 – 해당 기업이 다루는 주요 상품서비스	주요 제품 및 서비스에 대한 언급
(3) Location–Where does the firm compete?	지역시장 – 해당 기업이 경쟁하는 지리적 위치 또는 사업 분야와 경쟁자에 대한 정의, 지역사회에 대한 언급도 이 범주에 속함	경쟁하고 있는 시장, 지역, 산업에 대한 언급
(4) Technology–What is the firm's basic technology?	기술개발 – 상품 경쟁력 확보를 위한 기술 및 개발에 대한 노력에 대한 언급	경쟁력의 원천 기술 또는 경쟁력 확보를 위한 기술개발 노력에 대한 언급
(5) Concern for survival–What is the firm's commitment to economic objectives?	수익성 – 생존과 성장, 재무적 성과에 대한 언급	미래 생존과 성장, 재무적 성과에 대한 언급
(6) Philosophy–What are the basic beliefs, values, aspirations and philosophical priorities of the firm?	철학 – 해당 기업의 기본적 믿음, 가치, 염원, 그리고 철학적 우선순위, 슬로건 등	기본철학, 우선순위에 대한 언급
(7) Self concept–What are the firm's major strengths and competitive advantages?	자사이해 – 해당 기업이 인식하고 있는 자사의 정의, 차별적 역량, 또는 강점으로 인식하는 요소들	자사의 강점과 차별적 경쟁우위가 무엇인가에 대한 언급
(8) Concern for public image –What are the firm's public responsibilities and what image is desired?	대외적 이미지 – 사회, 지역과 환경 등 공익적 요소에 대한 언급	사회적 책임, 사회에 미치는 (바라는) 이미지에 대한 언급
(9) Concern for employees –What is the firm's attitude to employees?	직원 – 가맹점 점주와 직원들의 발전과 성공에 대한 언급	직원들의 발전과 성공에 대한 언급

2명의 전문가들은 9개 구성요소에 대해 사전에 충분히 숙지하고 있었으며, 인터뷰 내용 중 9개 요소에 대한 언급이 있는지 여부를 판단하여 있으면 1, 없으면 0으로 점수를 부여하였고, 이 결과는 2명의 평가자간 70% 이상 일치율을 보여 신뢰성이 있는 것으로 판단할 수 있었다(David, 1989).

(3) 통계 분석

가치관에 대한 인식과 공감, 사회적 성과는 설문분석을 실시하였다. 인터뷰에 응한 최고경영자의 기업 직원들을 대상으로 온라인 설문지를 제공했다. 전 직원 대상을 원칙으로 하되, 기업 규모에 따라 부득이한 경우 대표성을 갖는 직원그룹으로 구성하였다. 총 4,756개의 데이타를 수집했고 기업별 직원 수가 동일하지 않기 때문에 개인 차원 보다는 기업별 설문응답자들의 평균값을 계산하여 기업 차원으로 수준을 맞췄다. 재무적 성과는 40개 기업 중 외부에 재무자료를 제공하지 않는 1개 기업을 제외하고 39개 기업으로부터 인당 매출액 자료를 받아서 활용했다. 직원 수와 마찬가지로 기업 간 재무규모의 격차가 심하기 때문에 제곱근으로 값을 정리하여 데이터의 균일성을 취했다. 데이터 분석을 위해서 SPSS 23 for Windows 통계패키지를 활용하였다. 전체적인 가치관의 내용적 특징을 파악하기 위해 빈도분석을 실시하였다. 특히 David의 연구에서처럼 제조업과 서비스업을 구분하여 그 결과도 살펴보았다(David, 1989). 사회적 성과와 재무적 성과는 집단 간 차이를 보는 t 검정을 실시하였고, Williams(2008)의 방법론을 참고하였다.

(4) 변수의 조작적 정의

변수들은 선행연구에서 관련 개념과 의미를 차용하여 본 연구 목적에 맞게 재정의 하였다. 가치관 품질은 최고경영자를 인터뷰하여 추출해 낸 내용 중 David의 틀을 토대로 저자가 일부 보완한 9개 구성요소의 유무로 평가하였다. 구성원의 인식 공감은 조영호의 연구를 기반으로 박준형 등(2014)의 연구방법론에서 조직비전의 인식도와 공감도를 묻는 문항을 참고하여 국내 I 연구원(2016)에서 개발한 가치관 인식과 공감 문항을 사용하였다(조영호 등, 2009). 기업 성과는 사회적 성과와 재무적 성과를 동시에 분석하였다. 사회적 성과는 조직몰입과 조직건강도 개념에서 의미를 차용하여 가치건강도로 조작적 정의를 했다. 조직몰입은 Mowday가 개발하고 이명하가 번역한 조직몰입척도(Organizational Commitment Questionnaire)에서 자부심, 입사권유, 이직의도의 3개 문항을, 조직건강도는 김정은·유규창(2014)의 공동체지향 설문에서 9개 문항을 기반으로 문구 등을 일부 보완한 국내 I 연구원(2016)의 가치건강도 문항을 활용하였다. 재무적 성과는 기업규모 차이를 고려하여 인당매출액으로 측정하였다.

4. 소결론

(1) 가치관 구성요소별 내용 분석

대상기업은 9가지 가치관 구성 요소에 대해 최대 8개를 포함하고 있는 기업부터 최소 2개에 불과한 기업까지 다양하게 분포되어 있었다. 중앙값은 5개였고 6개 이상 포함하고 있는 기업이 40개 기업 중 25%, 3~5개를 포함한 기업이 57.5%, 2개 이하인 기업이 17.5%였다. 이는 최근 국내 가치관 연구결과와 유사하다. 대한체육회 산하 60개 가맹단체들의 가치관(조직미션)을 분석한 연구에서도 가치관 구성요소 7개 중 평균 2개 미만이었다(최윤석·구강본·전용배, 2015). 한국, 일본, 중국의 외식프랜차이즈 기업 50개씩을 대상으로 가치관(경영이념)을 비교한 논문에서도 연구자의 분석틀인 11개 구성요소를 충실하게 보유하고 있는 정도가 한국 기업들이 가장 낮았다(박인정·김영갑, 2015). 내용분석 결과는 〈표 15〉와 같다.

▌표 15▐ 최고경영자의 가치관 내용분석 결과

Components	Mean for All(n=40)	Mean for Manufacturing Firms(n=25)	Mean for Service Firms(n=15)
Customers	0.150	.080	.267
Product or Service	0.550	.640	.400
Location	0.325	.280	.400
Technology	0.225	.280	.133
Concern for Survival	0.400	.400	.400
Philosophy	0.950	.920	1.000
Self-Concept	0.375	.400	.333
Concern for Public Image	0.725	.760	.667
Concern for Employees	0.550	.520	.600

9개 요소 중 철학(Philosophy)에 대한 언급은 조사대상 기업 거의 대부분이 포함하고 있었다(95%). 그러나 이는 최고경영자의 가치관을 묻는 인터뷰에서 중요 결정의 우선순위와 경영철학을 묻는 질문이 있었기 때문에 이런 결과가 나왔을 수도 있다. 철학을 제외하고 두 번째로 많았던 요소는 대외적 이미지(Public Image)로 72.5%의 기업이 언급하고 있었다. 최근 우리나라 기업 환경에서 CSR(기업의 사회적 책임, Corporate Social Responsibility)이나 CSV(공유가치창출, Creating Social Value)가 중요해 지면서 귀결된 결과라고 판단된다. 그러나 우리 기업의 고객(Customer)이 누구인가에 대한 언급은 불과 15%의 기업에서만이 있었다. 이는 선행 연구 결과와는 달랐는데 기존 연구들에서는 고객에 대한 언급이 가장 많은 것으로 나타났다(박인정·김영갑, 2015; 최윤석 등, 2015). 왜 이런 차이가 있는지는 정확히 알 수 없으나, 기존 연구들이 활용한 외부에 공개되는 홈페이지의 내용과 본 연구에서 활용한 실제 최고경영자 생각 간의 차이가 있을 수도 있고, 본 연구 대상 기업들이 제조업 기반이 많았기 때문일 수도 있다. 실제로 산업별 분류로 보면 극명한 차이가 있다. 제조업 기업들은 고객(Customer) 보다는 제품/서비스(Product/Service), 기술개발(Technology),

자사이해(Self-Concept)에 대한 언급이 더 많았다. 이는 David(1989)의 연구결과와도 비슷한데, 제조업 기업이 서비스 기업에 비해 기술개발, 자사이해에 대한 관심이 크다는 것을 의미한다. 기업들이 막연하게 고객의 중요성은 인지하고 있지만, 가치관에서부터 고객을 명확하게 정의하지 않으면 향후 고객 전략으로 연결되기 어렵다는 점에서 앞으로 제조업 기업들의 관심 제고가 요구되는 부분이다. 또한 전반적으로 서비스 기업들이 제조업 기업들보다 콘텐츠를 더 포괄적(Comprehensive)으로 가지고 있다는 선행연구에서처럼(Azizi & Markizadeh, 2014), 본 연구에서도 5개 이상 요소를 포함하고 있는 비율이 서비스기업 중에서는 절반 가까운 46.6%인 반면, 제조업은 32.5%였다.

(2) 구성원의 인식 공감에 따른 가치건강도 차이

구성원의 인식과 공감은 중앙값을 기준으로 고집단과 저집단으로 구분하였다. 가치건강도는 회사에 대한 소속감, 애정, 자부심, 입사추천의도, 이직고민여부 등에 대한 질문을 종합하여 측정하였다(I 연구원, 2016). 인식과 공감이 중앙값 이상인 집단을 High, 중앙값 미만인 집단을 Low로 했을 때 고집단이 가치건강도 평균값이 더 높은 것으로 나타났다. 즉 최고경영자 가치관에 대해 구성원이 잘 인식하고 있을수록, 그 가치관에 공감을 많이 할수록, 구성원들의 공동체적 조직건강지향, 즉 가치건강도가 커지는 것으로 나타났다.

1) 구성원의 인식과 가치건강도

구성원 인식(고집단, 저집단)에 따른 가치건강도의 차이를 확인하기 위한 독립표본 t 검증을 실시하였다. 그 결과 구성원 인식이 높은 집단이 낮은 집단에 비해 가치건강도가 유의미하게 높은 것으로 나타났다($t = -5.037$, $p < .001$).

표 16 구성원 인식에 따른 가치건강도 T 검정 결과

Employee Awareness	N	Values Health Mean	Std. Deviation	Std. Error Mean	t-value
Low	20	24.293	1.527	.341	-5.037***
High	20	26.911	1.753	.392	

*** $p < .001$

2) 구성원의 공감과 가치건강도

구성원 공감(고집단, 저집단)에 따른 가치건강도의 차이를 확인하기 위한 독립 표본 t 검증을 실시하였다. 그 결과 구성원 공감이 높은 집단이 낮은 집단에 비해 가치건강도가 유의미하게 높은 것으로 나타났다($t = -5.483$, $p < .001$).

표 17 구성원 공감에 따른 가치건강도 T 검정 결과

Employee Awareness	N	Values Health Mean	Std. Deviation	Std. Error Mean	t-value
Low	20	24.227	1.475	.330	-5.483***
High	20	26.978	1.690	.378	

*** $p < .001$

(3) 구성원의 인식 공감에 따른 인당매출액 차이

구성원의 가치관에 대한 인식과 공감이 인당매출액에 영향을 미치는 것으로 나타났다. 구성원들이 최고경영자의 가치관을 잘 인식하고 있을수록, 그리고 이에 대해 더 많이 공감할수록 재무적 성과가 높다는 의미다. Kemp와 Dwyer(2003)는 잘 정리된 가치관이 기업의 전략을 성공적으로 실행하게 하고, 조직의 단결을 이끌어 기업의 성과를 달성하는데 도움이 된다고 하였다. 이때의 전제는 구성원들이 자신의 행동에 영향을 미치게 될 규범이나 가이드라인으로서의 가치관을 충분히 이해하고 이를 수용한다는 것이다. 결국 가치관이 재무적 성과에 영향을 미친다는 기존의 결과들은 구성원들이 이를 잘 인식하고 공감하고

있다는 전제에서 이해해야 한다. 즉 기업의 가치관이 구성원들의 인식과 공감을 통해 긍정적으로 받아들여질 때 비로소 기업의 재무적 성과로 연결될 수 있다.

1) 구성원의 인식과 인당매출액

구성원 인식(고집단, 저집단)에 따른 인당매출액의 차이를 확인하기 위한 독립표본 t 검증을 실시하였다. 그 결과 통계적으로 유의미한 수준에 근접하게($t = -2.000$, $p = .053$) 구성원 인식이 높은 집단이 낮은 집단에 비해 인당매출액이 높은 것으로 나타났다.

| 표 18 | 구성원 인식에 따른 인당매출액 T 검정 결과

Employee Awareness	N	Sales/person Mean	Std. Deviation	Std. Error Mean	t-value
Low	20	17502.724	9273.273	2073.567	−2.000†
High	20	23887.760	10856.869	2427.670	

† $p < .10$

2) 구성원의 공감과 인당매출액

구성원 공감(고집단, 저집단)에 따른 인당매출액의 차이를 확인하기 위한 독립표본 t 검증을 실시하였다. 그 결과 구성원 공감이 높은 집단이 낮은 집단에 비해 인당매출액이 유의미하게 높은 것으로 나타났다($t = -2.615$, $p < .05$).

| 표 19 | 구성원 공감에 따른 인당매출액 T 검정 결과

Employee Sympathy	N	Sales/person Mean	Std. Deviation	Std. Error Mean	t-value
Low	20	16655.246	8514.660	1903.936	−2.615*
High	20	24735.238	10884.014	2433.740	

* $p < .05$

(4) 시사점 및 한계

본 연구는 가치관이 어떤 내용을 담고 있고, 기업성과에 어떤 영향을 미치는지를 실제 최고경영자의 인터뷰와 해당 기업 구성원들을 대상으로 한 설문을 통해 내용적으로 검토하고, 실증적으로 분석한 데 의의가 있다. 가치관에 내용적으로 무엇을 담아야 하는지, 얼마나 충실하게 담겨 있어야 하는지에 대해 그간 많은 연구들이 있었고, 이것이 실제 기업 성과에 영향을 미치느냐 미치지 않느냐에 대해서도 많은 논란이 있는 상황에서 본 연구의 결론은 가치관의 내용 보다는 구성원들이 이를 얼마나 인식하고 공감하느냐가 기업의 사회적 성과뿐만 아니라 재무적 성과에도 영향을 미친다는 것이다. 다시 말하면 가치관의 내용이 화려하고 풍성하다고 해도 구성원들에게 제대로 인식되지 않고 공감 받지 못한다면 소용이 없다는 뜻이기도 하다. 가치관을 멋지게 포장하고 그럴 듯한 내용을 담는 데만 신경을 쓸 것이 아니라, 비록 내용적으로는 서툴고 투박해도 구성원들에게 진정성 있게 전달하고, 그들의 공감을 얻어내는 데 더 많은 노력을 기울이는 것이 가치관의 효과를 높이는 데 도움이 된다는 의미다. 보통 가치관 경영이라고 하면 최고경영자의 머릿속에 있는 경영철학과 가치관을 발견하는 1단계, 구성원이 참여하여 회사의 가치관으로 정립하는 2단계, 공식적으로 가치관을 선포하고, 전 직원과 교육 등을 통해 소통하는 3단계, 인사제도 및 사업전략에 접목하여 실천하는 4단계로 일정한 프로세스를 거치게 된다(조미나·이동현, 2016b). 그래서 가치관은 정립하는 것에서 끝나는 것이 아니라 구성원들에게 내재화 하고, 전략이나 제도로 녹여 내야 비로소 문화적 실효성이 있다는 주장이 힘을 얻는다(Kotter & Heskett, 1992).

본 연구는 가치관을 활용하려는 현장의 기업과 지도자들에게 실질적 시사점이 있는 반면, 한계도 존재한다. 먼저 연구대상의 한계다. 최고경영자에의 접근가능성을 중요하게 생각하다 보니 연구대상 기업이 적어질 수밖에 없었고, 이는 결과의 보편타당성을 주장하는데 어려움으로 남아 있다. 둘째, 가치관 관련 연구의 태생적인 한계로서 각종 개념과 용어의 혼재가 본 연구에서도 여실히 드러난다. 가치관만 하더라도 학자에 따라 경영철학, 경영이념, 경영목적, 사업가치관, 기업비전, 사훈 등 통일되지 못한 용어들이 난무하고 있다. 따라서 본 연구에서 사용된 가치건강도, 가치관 인식, 가치관 공감 등의 개념과 조사방식은 앞으로 학문적으로 더 깊이 연구되고 검증되어야 할 부분이다. 특히, 가치관 인식과 공감을 설문에 의존하기 때문에 응답자 스스로 바람직한 결과에 편향될 수 있다는 가능성을 배제하지 못한다. 구성원의 자가 응답만이 아닌 다각적인 방식으로의 평가에 대한 후속 연구가 필요하다. 셋째, 실증분석을 집단 간 차이를 보는 정도에 그침으로써 통계적인 신뢰도와 타당도를 얻는 데는 부족한 면이 있다. 모집단의 수가 많아져서 자료가 더 풍부해 지면 보다 심층적으로 통계적인 검증을 해야 할 필요가 있을 것이다. 특히 재무적 성과의 경우 본 연구에서는 산업간 편차를 상쇄시키기 위해 인당매출액을 사용했지만, 매출액 증가율, 수익 증가율 등의 동태적인 지표를 활용하는 방안도 고려해 볼 만 하다. 넷째, 가치관의 내용과 기업성과와의 관계도 선행 연구에서 오랜 논란이 되고 있는 주제이므로 지속 연구가 필요하다. 가치관의 내용에 따라 구성원의 인식 정도나, 특히 공감 정도가 달라지는지에 대한 연구는 기업들에게 의미 있는 시사점을 줄 수 있을 것이다.

Chapter 06

가치관 경영 종합 결론 및 시사점

1. 종합 결론

본 논문은 기업에서 가치관이 기업성과에 미치는 영향을 연구한 것이다. 가치관이 어떻게 만들어지고 정립되는지, 가치관이 어떻게 구성원들에게 받아들여지는지, 가치관으로 인해 기업의 성과가 얼마나 달라지는지를 사례연구와 실증분석을 통해 탐구하였다.

먼저, 가치관 경영이 실제 어떻게 이루어지고 있는지 사례를 통해 심도 깊게 알아보았다. 특히 기업이 가치관 경영을 시작하게 되는 계기에 집중하여 M&A처럼 조직이 흔들리고 있을 때 가치관이 어떤 역할을 할 수 있는지를 연구하였다. 사례 기업은 단기간에 M&A를 통해 여러 조직이 합쳐지고 난 후 사업적 시너지를 기대하기 보다는 조직이 융합되지 않고 갈등이 발생하는 상황이었다. 경영진도 앞으로 어떤 방향으로 구성원들과 조직을 이끌어야 할지 정리가 되지 못한 상태였다. 임원을 포함한 리더들도 기업의 미래와 우선순위를 묻는 직원들에게 제대로 된 답을 내려주기 어려웠다. 직원들은 왜 M&A를 하고 있는지, 앞으로 더 할 것인지 이제 끝인지, 판단과 행동의 기준을 무엇으로 삼아야 하는지에 대해 궁금증이 커지고 있는 상태였다. 이에 사례기업은 가치관을 통해 조직을 하나로 통합하고 구성원들에게 명확한 방향성을 심어주고자 의도하였다. 그리고 최고경영자부터 머릿속에만 존재하던 가치관을 밖으로 끌어내고, 핵심인재들이 참여하여 이를 명료화하는 작업을 통해 가치관을 정립하고, 전 직원을 대상으로 가치관의 내용과 필요성, 역할에 대해 설명하고 동시에 본인들이 앞으로 가치관을 어떻게 실천하고자 하는지 다짐하는 소통 과정을 거쳤다. 그리고 전략부터 인사제도에 이르기까지 가치관을 제도에 반영하는 작업은 일부는 시행하였으나 지금도 현재진행형으로 진행하고 있다. 그 과정에서 사례 기업은 매출이 늘어나고 주가가 대폭으로 상승하는 실질적인 성과를 얻었다. 이는 가치관으로 전 직원이 올바른 방향성을 공유하고, 업무의 우선순위에 대해 공감하고 실천함으로써 전략실행을 탄탄하게 뒷받침 한 것으로 판단할 수 있다.

두 번째는 가치관 경영에 있어 최고경영자의 역할을 2개 기업의 사례를 통해 좀 더 면밀하게 비교 분석하였다. 기업이 가치관 경영을 할 때 최고경영자의 역할이 지대하다는 것은 선행연구에서 강조되어 왔지만, 실제로 어떤 역할을 하고 있는지, 어떤 과정을 통해 영향을 미치는지, 모든 최고경영자의 역할이 동일한지에 대해서는 많은 연구가 없었다. 따라서 본 논문에서 최고경영자의 유형을 소유경영인과 전문경영인으로 나누어 가치관 경영의 프로세스 마다 어떤 차이점이 있는지를 분석하였다. 이를 위해 가치관 경영 프로세스를 4단계로 나누어 가치관 발견, 가치관 정립, 가치관 소통, 가치관 실행 관점에서 분석하였다. 그 결과 가치관 경영의 각 단계마다 최고경영자가 처해 있는 상황에 따라 접근방식이 다름을 알 수 있었다. 소유경영인 기업의 경우 가치관을 발견하는 단계에서부터 본인의 가치관과 경영철학을 앞에 내세우고, 가치관 정립 단계에서 직원들의 참여를 통해 이를 명료화하도록 하였으며, 가치관 소통 단계에서도 감성적인 접근을 통해 본인의 가치관을 구성원들에게 공감시키고자 많은 노력을 기울였다. 그러나 가치관 제도화에 대해서는 소극적이었는데 기업과 무한대의 관계를 가지고 있는 소유경영인이기 때문에 당장 제도에 반영시켜야 할 시간적, 심리적 부담이 없었기 때문인 것으로 판단된다. 반면에 전문경영인은 가치관 경영의 중요성을 인식하지만 본인의 가치관과 경영철학을 내세우는 데에는 소극적일 수밖에 없었다. 따라서 가치관 발견 단계에서는 자신의 생각을 논리적으로 정리하는 것에 관심을 두고 있었고, 가치관 정립 단계에서 이를 구성원들과 의논하며 탄탄한 논리적 기반을 쌓는데 치중하였다. 가치관 소통 단계에서도 구성원들에게 업의 정의, 직무의 특성 등 객관적인 논리를 통해 가치관을 이해시키기 위한 노력을 많이 했다. 전문경영인의 임기가 제한된 관계로 가치관 제도화에 대해서는 훨씬 적극적이었다. 본인의 임기 내에 가치관이 잘 정착되고 내재화 되어야 한다는 부담감이 제도화를 서두르는 요인이 된 것으로 판단된다.

세 번째는 가치관이 기업성과에 미치는 영향에 대해 기존 연구들의 혼란스러운 결과를 다시 한번 국내 실정에 맞춰 정리해 보고자 하는 목적이었다. 이를 위해 가치관에 가장 큰 영향을 미칠 수 있는 최고경영자의 가치관에 대한 내용분석을 실시하였다. 최고경영자 역할의 중요성에 비해 접근성의 어려움으로 홈페이지 게시내용과 같은 2차 자료에 머물렀던 기존 연구들과 달리 본 연구는 40명의 최고경영자를 직접 인터뷰하여 그들의 머릿속에 존재하던 가치관을 가시적으로 구체화하고 그 내용을 David(1989)의 틀에 맞춰 분석하였다. 그 결과 가치관의 구성요소를 모두 내포하고 있는 경우는 국내 최고경영자의 경우 아직은 미진하였으며, 업종에 대한 차이도 있었다. 제조업이 기술개발과 성장 등에 대해 관심을 가지고 있는 것에 반해 서비스업은 고객에 대한 언급을 중요시하고 있었으며 이는 기존의 선행연구들과도 맥을 같이 하고 있었다. 그 다음 본 연구에서는 최고경영자의 가치관이 해당 기업의 구성원들에게 어떻게 받아들여지고 있는지를 검증하였다. 인터뷰에 응했던 기업의 구성원들에게 설문지 방식으로 조사하였으며 가치관의 인식도와 공감도로 구분하여 답변을 받았다. 그리고 기업성과 변수로서 재무적 성과인 인당매출액과 사회적 성과인 가치건강도를 활용하였다. 인당매출액은 기업재무자료에서 차용하였으며, 가치건강도는 가치관 인식 공감 조사방식과 동일하게 구성원들에게 설문을 통해 결과를 얻었다. 집단 간 차이분석을 실시한 결과, 최고경영자의 가치관을 구성원들이 잘 인식하는 기업이 그렇지 않은 기업에 비해 인당매출액과 가치건강도가 높은 것으로 나타났다. 최고경영자의 가치관에 구성원들이 공감하는 정도가 높은 기업이 낮은 기업에 비해 역시 인당매출액과 가치건강도가 높은 것으로 나타났다. 따라서 최고경영자의 가치관은 기업성과에 영향을 미치는데 단, 구성원들의 인식과 공감 정도가 중요한 역할을 하고 있었다.

2. 시사점 및 향후 연구과제

본 연구를 통해 가치관 경영에 관심을 가지고 실행하고자 하는 기업에 시사점을 줄 수 있다. 첫째, 가치관은 내용도 중요하지만 구성원들에게 인식시키고 공감시키는 것이 훨씬 더 성과에 영향을 미친다는 점이다. 흔히 기업들이 멋지고 화려한 가치관을 만드는 것에만 신경을 쓴 나머지 대대적인 가치관 선포식을 한 이후에는 손을 놓는 경우가 있는데 이는 가치관 경영 절반의 성공에 그친 것이다. 가치관을 정립한 이후에는 구성원들과 소통하고 제도를 통해 실행력을 높이는 것이 무엇보다 중요하다. 본 연구 결과에서도 이 점을 강조하고 있다.

둘째, 최고경영자가 가치관 경영에 있어서 미치는 영향이 크다는 점이다. 최고경영자의 생각을 정리하는 것에서 시작되는 가치관 경영은 이후 정립, 소통, 실행 단계에 이르기까지 최고경영자의 역할이 필요하다. 가치관 경영을 CEO 프로젝트라고 하는 이유이기도 하다. 따라서 본 연구에서는 최고경영자가 어떤 역할을 해야 하는지에 대해 구체적인 방법을 제시하고 있다. 특히 모든 최고경영자의 역할이 동일할 수는 없다. 최고경영자가 처해 있는 상황, 즉 무한책임을 지고 있는 소유경영인인가 아니면 임기가 정해져 있는 전문경영인인가에 따라 역할과 접근법은 달라질 수밖에 없다. 따라서 가치관 경영을 하고자 하는 최고경영자는 자신의 상황에 따라 어떤 부분에서 어떤 역할을 해야 하고 어디에 중점을 두어야 하는지 가이드라인을 얻을 수 있다.

셋째, 가치관 경영은 지속적인 현재 진행형 프로젝트라는 점이다. 가치관 경영의 4단계에서 가치관 발견과 가치관 정립은 한번으로 완결될 수 있으나, 가치관 소통과 가치관 실행은 지속되는 작업이다. 미래지향적이고 다이내믹한 기업

(Going Concern)의 특성상 늘 새로운 구성원들이 들어오게 되고 이들에게 가장 먼저 해야 할 교육이 가치관 교육이다. 기존 구성원들도 정기적으로 반복학습을 통해 가치관을 리마인드 해야 한다. 구성원과 마찬가지로 전략과 제도도 환경에 따라서 늘 변하기 마련이다. 전략과 제도를 변경할 때마다 가치관은 변하지 않는 중요한 의사결정의 기준으로 역할을 하게 된다. 이처럼 가치관 소통과 실행은 끝이 없는 작업이다.

이러한 가치관 경영에 대한 학문적, 실용적 시사점에도 불구하고, 본 논문은 많은 한계점을 내포하고 있다. 첫째, 선행연구에서와 마찬가지로 본 연구에서도 용어에 대한 명확한 정의를 내리지 못하고 있다. 특히, 가치관, 가치관 경영, 가치건강도, 가치관 인식 공감 등에 대한 정의와 연구방법에 대해 후속 연구에서 많은 검증을 거칠 필요가 있다.

둘째, 접근성이 낮은 최고경영자를 직접 연구대상으로 삼고 가치관이 기업성과에 미치는 영향을 실증 분석한 것은 의미가 있으나, 대상자 수의 부족은 여전히 아쉬움으로 남는다. 앞으로는 더 많은 연구대상을 통해 업종별, 최고경영자의 유형별 등 다양한 연구가 가능해야 할 것이다.

셋째, 본 연구에서는 최고경영자 유형에 따른 가치관 경영의 차이를 사례 연구한 것에 그쳤기 때문에 이 또한 실증연구를 통해 검증해 볼 필요가 있다. 또한 최고경영자 유형뿐만 아니라 최고경영자의 개인적 특성 등 가치관 경영에 최고경영자가 미치는 영향력이 크다는 점에서 보다 다양한 최고경영자 특성별 연구가 필요하다.

종합적으로 본 연구의 목적은 가치관이 기업성과를 높이는 데 있어서 중요한 요인이라는 점을 사례연구와 실증분석을 통해 알아보는 것이었고 유의미한 결과를 얻었다. 그 과정에서 최고경영자의 역할에 대해 다시 한 번 강조할 수 있었다. 지속가능한 성장이 기업의 지상 목표라면 가치관 경영이 이를 구현할 수 있는 효과적인 수단이 될 수 있음을 본 연구의 결과를 통해 검증할 수 있는 계기가 될 것이다.

▣ 참고문헌

고종식(2015), “박승직 상점의 창업과 두산그룹의 성장요인으로서 박승직의 경영이념,” 「경영사학」, 제73권(단일호), pp. 35-54.

김계수, 정성택(2014), “비전플랫폼경영, 고객만족, 고객성과간의 인과관계,” 「고객만족경영연구」, 제16권 제4호, pp.109-122.

김기근, 문명, 조윤형(2013), “조직구성원들의 조직비전 인식과 조직변화에 대한 태도와의 관계; 조직신뢰의 매개역할,” 「인적자원관리연구」, 제20권 제3호, pp. 115-143.

김봉곤, 이을터(2015), “경영자의 사업 가치관과 교육훈련 투자에 관한 탐색적 연구,” 「인적자원관리연구」, 제22권 제3호, pp. 263-287.

김성건, 이재진(2013), “소비자만족과 지속가능 경영을 위한 기업의 핵심가치의 역할과 중요성; L그룹 사례를 중심으로,” 「디지털융복합연구」, 제11권 제5호, pp. 211-223.

김정은, 유규창(2014), “조직건강의 개념적 모델과 측정도구(Organizational Health Questionnaire; OHQ) 개발 및 구성타당도 검증에 관한 연구,” 「경영학연구」, 제43권 제6호, pp. 1875-1904.

김창호, 이풍학(2005), “기업의 문화가치관과 성과간의 관계; 윤리행동의 매개역할을 중심으로,” 「인적자원관리연구」, 제12권 제2호, pp. 91-112.

노부호, 윤완수(2009), “최고경영자의 가치관이 기업문화와 기업성과에 미치는 영향에 대한 연구,” 「한국경영학회 통합학술발표논문집」, 1-10

노용진, 김동배, 박우성(2003), “혁신적 인사관리제도 도입의 영향요인,” 「경영학연구」, 제32권 제4호, pp. 955-981.

당지연, 최윤수, 김영훈(2013), “한국과 일본병원의 미션선언문 비교연구; 한국의 상급종합병원과 일본의 특정기능병원을 중심으로,” 「한국병원경영학회지」, 제18권 제1호, pp. 70-87.

막스 베버(1997), 「경제와 사회1」, 박성환(역), 문학과 지성사.

박영배(1993), “기업종업원의 직무가치관과 조직몰입에 관한 연구,” 「생산성논집」, 제7

권 제1호, pp. 161-190.

박인정, 김영갑(2015), “외식프랜차이즈 기업의 경영이념에 관한 연구,” 「외식경영연구」, 제18권, pp. 85-105.

박준혁, 최장호, 정연앙(2014), “기업의 공유가치와 개인가치의 부합이 개인의 직무성과에 미치는 영향: 조직몰입 및 조직시민행동의 매개효과를 중심으로,” 「기업경영연구」, 제56권, pp. 207-226.

백병성(2014), “경찰 핵심가치의 인식에 관한 연구: 서비스제공자와 수요자 간 차이를 중심으로,” 「한국경찰학회보」, 제47권, pp. 53-77.

서성한(1996), “한국기업의 경영이념,” 「경영연구」, 제1권, pp. 9-23.

신호창, 유선욱(2004), “국내 대기업의 사내 커뮤니케이션 진단: 가치관의 공유, 명확한 업무 커뮤니케이션 그리고 커뮤니케이션 캠페인,” 「홍보학연구」, 제8권 제2호, pp. 125-161.

안세연, 조동성(2011), “창업 이념의 각인 효과와 기업의 장기 생존에 대한 탐색적 고찰,” 「기업가정신과 벤처연구」, 제14권 제2호, pp. 19-47.

우찬복, 서금자(2009), “개인과 조직의 가치관 일치가 호텔종사원의 업무성과에 미치는 영향,” 「관광연구저널」, 제23권, pp. 137-152.

이동호(2013), “국내 수산관련 기업의 주요 경영철학에 대한 내용분석; 상장사의 미션과 비전을 중심으로,” 「수산경영논집」, 제44권 제3호, pp. 85-101.

이명식(2015), “서비스기업의 사회적 책임 활동과 기업가치와의 관련성,” 「서비스경영학회지」, 제16권 제3호, pp. 43-64.

이인석, 홍광헌, 황국재(2006), “다국적기업 최고경영자의 윤리적 가치관이 기업성과에 미치는 영향,” 「국제경영연구」, 제17권 제1호, pp. 69-90.

이학식, 임지훈(2013), 「SPSS 20.0 매뉴얼」, 집현재.

이학종, 박헌준(2008), 「조직행동론」, 법문사

임명성(2015), “경영이념교육과 직장 내 스트레스와 직무만족간의 관계에 관한 실증적 연구: 교육 및 의료서비스 기업을 대상으로,” 「서비스경영학회지」, 제16권 제3호, pp. 183-219.

임외석(2010), “교세라 창업자 이나모리 카즈오의 경영철학과 리더십에 관한 연구,” 「

경영사학」, 제55권(단일호), pp. 115-147.

임외석(2013), "창업자의 경영철학과 조직문화에 대한 한, 중, 일 비교연구; 주요 전자메이커 3사를 중심으로," 「유라시아연구」, 제10권 제4호, pp. 39-69.

장세진(2014), 「경영전략」, 박영사.

전성철, 조미나, 양백, 정진호(2014), 「가치관경영」, 샘앤파커스.

정태석, 김영택(2014), "프랜차이즈 편의점 가맹본부의 지원서비스와 만족, 신뢰, 재계약, 다점포운영, 추천의도와의 관계," 「서비스경영학회지」, 제15권 제3호, pp. 237-260.

조미나, 이동현(2016a), "아이에스 그룹의 가치관 경영," 「중소기업연구」, 제38권 제3호, pp. 135-163.

조미나, 이동현(2016b), "최고경영자 유형에 따른 가치관 경영 비교연구," 「서비스경영학회지」, 제17권 제4호, pp. 123-142.

조미나, 이동현(2016c), "최고경영자의 가치관과 구성원의 인식 공감이 기업성과에 미치는 영향," 「디지털융복합연구」, 제14권 제2호, pp. 95-103.

조영호, 박계홍(1992), "종업원의 기업가치관 수용태도에 관한 연구," 「인사관리연구」, 제16권, pp. 201-223.

조영호, 김관영, 서형도(2007), "경영이념에 기초한 리더십이 중소기업 종업원의 태도에 미치는 영향," 「한국경영학회 통합학술발표논문집」, pp. 1-7.

조영호, 이혜숙, 서형도(2009), "경영이념(비전) 전파노력이 서비스 품질과 조직유효성에 미치는 영향: 직무정서성의 조절효과를 중심으로," 「품질경영학회지」, 제37권 제3호, pp. 18-32.

조윤형(2014), "상호작용공정성, 조직구성원들의 혁신행동, 조직비전 인식과의 관계," 「인적자원관리연구」, 제21권, pp. 131-152.

조은숙, 김종태(2013), "사회복지공무원의 복지의식이 직무가치관과 직무효과성에 미치는 영향," 「디지털융복합연구」, 제11권 제11호, pp. 133-141.

채신석(2014), "호텔 계약직 종사원의 조직비전인식과 긍정심리자본이 학습목표지향성과 조직몰입 그리고 직무만족에 미치는 영향관계 분석," 「한국관광학회 국제학술발표대회집」, 제76권 제3호, pp. 407-415.

최보금(2015), 「경영자유형이 대리인비용에 미치는 영향」, 국민대학교 박사학위논문.

최승일, 김동일(2014), "글로벌기업의 리더십유형이 경영성과에 미치는 영향," 「디지털융복합연구」, 제12권 제10호, pp. 191-199.

최승일, 김동일(2015), "융합기업의 기업문화형태와 성과창출과의 영향 관계 분석," 「디지털융복합연구」, 제13권 제8호, pp. 169-176.

최윤석, 구강본, 전용배(2015), "조직 미션 분석을 통한 스포츠조직의 이해: 조직 문화적 접근," 「한국체육학회지-인문사회과학」, 제54권 제5호, pp. 449-460.

황인경(2003), http://www.lgeri.com/management/strategy/article.asp?grouping= 01020500&seq=59, 검색일 2016.1.15.

IGM세계경영연구원(2016), 가치관 정렬 진단(Values Alignment Index)

Adler, M. P. (2006). A unified approach to information security compliance. *Education Review*, 41(5), 46-61.

Azizi, S., & Markizadeh, V. (2014). Strategic priorities of Iranian companies: an application of mission statement content analysis. *Management & Marketing*, 9(4), 471-482.

Bates, D. L., & Dillard, J. E. (1993). Generating strategic thinking through multi-level teams. *Long Range Planning*, 26(5), 103-110.

Bartkus, B., Glassman, M., & McAfee, R. B. (2000). Mission statements; are they smoke and mirrors?. *Business Horizons*, 43(6), 23-29.

Bart, C. K. (1997). Sex, lies and mission statements. *Business Horizons*, 9-18.

Bart, C. K., & Baetz, M. C. (1998). The relationship between mission statements and firm performance: an exploratory study. *Journal of Management Studies*, 35(6), 823-853.

Bart, C. K. (1999). Making mission statements count, *CA Magazine*, 132(2), 37-39.

Bart, C. K., Bontis, N., & Tagger, S. (2001). A model of the impact of mission statements on firm performance. *Management Decision*, 39(1), 9-18.

Beyer, J. M., Dunbar, R. L. M., & Meyer, A. D. (1988). The concept of ideology in organizational analysis. *Academy of Management Review*, 13(3), 483-489.

Braun, S., Wesche, J. S., Frey, D., Weisweiler, S., & Peus, C. (2012). Effectiveness of mission statements in organizations: a review. *Journal of Management & Organization*, 18(04), 430-444.

Campbell, A., & Yeung, S. (1991). Creating a sense of mission. *Long Range Planning*, 24(4), 10-20.

Chatman, J. A. (1989). Improving interactional organizational research: a model of person-organization fit. *Academy of Management Review*, 14, 333-349.

Coats, J., Davis, E., Longden, S., Stacey, R., & Emmanuel, C. (1991). Objectives, missions and performance measures in multinationals. *European Management Journal*, 9(4), 444-453.

Cochran, D. S., David, F. R., & Gibson, C. K. (2008). A framework for developing an effective mission statement. *Journal of Business Strategies,* 25.2. 27.

Collins, J. C., & Porras, J. I. (1996). Building your company's vision. *Harvard Business Review*, 74(5), 65.

David, F. R. (1989). How companies define their mission. *Long Range Planning*, 22(1), 90-97.

Edmunds, S. (2014). What is a value statement?. http://hope.ly/1y2z71w.

England, G. W. (1975). *The manager and his values: an international perspective from the united states, Japan, Korea, India, and Australia, Cambridge*, MA: Ballinger.

Frei, F. X. (2008). The four things a service business must get right. *Harvard Business Review*, 86(4), 70-80.

Ghiselli, E. E. (1968). Interaction of traits and motivational factors in the determination of the success of managers. *Journal of Applied Psychology*, 52(6p1), 480.

Hamel, G., & Prahalad, C. K. (2005). Strategic intent. *Harvard Business Review*, 83(7), 148-161.

Ireland, R. D., & Hitt, M. A. (1992), Mission statements; importance, challenge, and recommendations for development. *Business Horizons*, 35, 34–42.

Kemp, S., & Dwyer, L. (2003). Mission statements of international airlines: a content analysis. *Tourism Management*, 24(6), 635-653.

Khalifa, A. S. (2012). Mission, purpose, and ambition: redefining the mission statement. *Journal of Strategy and Management*, 5(3), 236-251.

Klemm, M., Sanderson, S., & Luffman, G. (1991). Mission statements: selling corporate values to employees. *Long Range Planning*, 24(3), 73-78.

Kotter, J. P., & Heskett, J. L. (1992). *Corporate culture and performance*. New York: Free Press.

Kutner, M. H., Nachtsheim, C., & Neter, J. (2004). *Applied linear regression models.* McGraw-Hill/Irwin.

Lam, S. K., Ahearne, M., Hu, Y., & Schillewaert, N. (2010). Resistance to brand switching when a radically new brand is introduced; a social identity theory perspective. *Journal of Marketing*, 74(6), 128-146.

Medley, G. J. (1992). WWF UK creates a new mission. *Long Range Planning*, 25(2), 63-68.

Mirvis, P., Googins, B., & Kinnicutt, S. (2010). Vision, mission, values: guideposts to sustainability. *Organizational Dynamics*, 39(4), 316-324.

Nanus, B. (1992). *Visionary leadership: creating a compelling sense of direction for your organization*. Jossey-Bass.

Niven, P. R. (2002). *Balanced scorecard step-by-step: maximizing performance and maintaining results*. John Wiley & Sons.

Pearce, J. A., & David, F. R. (1987). Corporate mission statements; the bottom line. *Academy of Management Executive*, 1, 109–116.

Peyrefitte, J., & David, F. R. (2006). A content analysis of the mission statements of united states firms in four industries. *International Journal of Management*, 23(2), 296-301.

Porter, M. E., & Kramer, M. R. (2011). The Big idea: creating shared value, rethinking capitalism. *Harvard Business Review* 89(1/2), 62-77.

Prahalad, C. K., & Hamel, G. (2003). The core competence of the corporation. *International Library of Critical Writings in Economics*, 163, 210-222.

Quinn, J. B. (1978), Strategic change, *Sloan Management Review*, 20(1), 7-19.

Rajasekar, J. (2013). A comparative analysis of mission statement content and readability. *Journal of Management Policy and Practice*, 14(6), 131-147.

Salvolainen, T. I. (1999). Cycles of continuous improvement: realizing competitive advantages through quality. *International Journal of Operations & Production Management*, 19(11), 1203-1222.

Schein, E. (1983). The role of the founder in creating organizational culture. *Organizational Dynamics*, Summer, 13-28.

Senge, P. M. (2006). *The fifth discipline: The art and practice of the learning organization.* Crown Pub.

Venkatraman, N., & Ramanujam, V. (1986). Measurement of business performance in strategy research; a comparison of approaches. *Academy of Management Review*, 11(4), 801-814.

Verma, H. V. (2009). Mission statements: a study of intent and influence. *Journal of Service Research*, 9(2), 153-172.

Williams, L. S. (2008). The mission statement: a corporate reporting tool with a past, present, and future. *Journal of Business Communication*, 45(2), 94-119.

Wilson, I. (1992). Realizing the power of strategic vision. *Long Range Planning*, 25(5), 18-28.

기업성과를 높이는 경영의 Tool

가치관 경영

2017년 6월 22일 | 초판 인쇄
2017년 6월 26일 | 초판 발행

지 은 이 | 조미나
발 행 인 | 김은중
발 행 처 | 서울경제경영출판사
북디자인 | (주)우일미디어디지텍

주 소 | 03767 서울특별시 서대문구 신촌로 205, 506호
전 화 | 02)313-2682
팩 스 | 02)313-8860

등 록 | 1998년 1월 22일 제5-63호

ISBN 978-89-97937-63-9 93320 정가 12,000원